KRIMI
Dinner

DER 90. GEBURTSTAG ODER

Dinner for One

DAS SIND DEINE GÄSTE

Alle Gäste bekommen ihre eigene Einladung mit individueller Rollenbeschreibung. Diese Einladungen kannst du ein paar Seiten weiter aus dem Buch entnehmen. **Verteile sie am besten ein paar Tage vor deiner Dinner-for-One-Krimi-Party,** damit alle Gäste sich in die Rollen hineinlesen können. Die Person, die die Rolle von Chief Inspector Piperton bekommt, ist gleichzeitig Spielleiter:in. Für den oder die Gastgeber:in bieten sich neben der Rolle von Piperton auch die Rollen Miss Sophie oder Butler James an.

MISS SOPHIE lässt sich seit dem Tod ihres Mannes wieder mit Miss (Fräulein) ansprechen. Hat ihren umtriebigen Gatten in all den Jahren kaum gesehen. Liebt es, das große Haus umzudekorieren. Zum Anlass ihres 50. Geburtstages findet dieses Dinner statt. Darüber, dass an ihrem Geburtstagsdinner Ermittlungen stattfinden, ist sie not amused.

BUTLER JAMES ist treuer Diener auf dem Landsitz von Lord Rodney und Miss Sophie. Weiß fast alles über das unrühmliche Leben des verstorbenen Lords, ist aber sehr diskret. Hat eine leichte Schwäche für Miss Sophie. James wird beim Dinner den Gästen die Getränke reichen.

SIR TOBY ist ein in die Jahre gekommener, trinkfester Playboy. Er liebt schöne Frauen und die Jagd. Ehemaliger Schulfreund von Lord Rodney. Wenn er der Jubilarin zu Ehren sein Glas erhebt (und das tut er oft), ruft er: »Cheerio, Miss Sophie!«

ADMIRAL VON SCHNEIDER ist preußischer Offizier in neuer Wahlheimat England, aber immer noch in Verbindung zur deutschen Reichswehr. Er wirkt sehr zackig und regeltreu. Schneider liebt das Wetten! Pferderennen, Hunderennen ... bis zu: »Wetten, dass ich mehr Scotch vertrage als du?

CHIEF INSPECTOR PIPERTON ist ein Ermittler mit scharfem Blick wie aus einem Agatha-Christie-Roman. Von Scotland Yard damit beauftragt, nachzuforschen, ob es sich beim Ableben des Lords um ein Verbrechen handelt. Entschuldigt sich regelmäßig bei Miss Sophie für die Unannehmlichkeiten. Übernimmt die Spielleitung.

MR POMMEROY ist ein zierlicher Bühnenkünstler. War Varietébesitzer, aber seine Liebe zum Showbusiness hätte ihn fast sein ganzes Vermögen gekostet. Fühlt sich insgeheim zu Männern hingezogen. Miss Sophie ist ihm sehr zugetan.

MR WINTERBOTTOM ist urgemütlicher Lokalpolitiker. Erzählt gern Witze, sammelt allerhand Dinge und geht gern wandern. Sein Fernglas trägt er immer bei sich. Er ist sehr höflich und hat eine Schwäche für Miss Sophie, die er in vielen Komplimenten für sie ausdrückt.

PROLOG

Dinner for One oder Der 90. Geburtstag ist das wohl lustigste Dinner der Welt und flimmert seit 1972 jedes Jahr an Silvester mehrfach über unsere TV-Bildschirme. Miss Sophie und James sind dabei so etwas wie alte Vertraute, und das gemeinsame Schauen ist eine gute Tradition zum Jahreswechsel geworden. Doch je häufiger wir uns den legendären Sketch ansehen, desto mehr Fragen stellen sich:

- Seit wann genau feiert Miss Sophie ihren Geburtstag ohne ihre Gäste, und wie sind diese verschieden?
- In welchem Verhältnis standen Admiral von Schneider, Mr Pommeroy und Co. zu der feinen Lady?
- Hatte Miss Sophie einen Mann? Und wenn ja, warum ist für ihn nicht eingedeckt?
- Und was ist dran an der Liebschaft zwischen Butler James und Miss Sophie, die am Ende des Sketches angedeutet wird?

FRAGEN, DIE IN DIESEM ERSTEN OFFIZIELLEN KRIMI-DINNER ZU DINNER FOR ONE ENDLICH GEKLÄRT WERDEN!

Denn unser Kriminalfall spielt Mitte der 1920er-Jahre, an Miss Sophies 50. Geburtstag, zu einem Zeitpunkt, an dem alle ihre Gäste noch am Leben sind. Miss Sophie lädt zum Birthday-Dinner ein, das **wegweisend für all ihre kommenden Geburtstagsfeiern sein wird.**

DOCH WAS GENAU IST PASSIERT?

Genau eine Woche vor Sophies 50. Geburtstag ist ihr Gatte Lord Rodney ums Leben gekommen. Auf einer Welcome-back-from-India-Party wurde er tot im Speisesaal auf dem Tigerfell liegend vorgefunden. Anwesend bei dieser Feier waren, neben Miss Sophie und Butler James, die engsten Vertrauten des Lords: Sir Toby, Admiral von Schneider, Mr Pommeroy und Mr Winterbottom. Und wenn es sich beim Ableben des Lords nicht um einen tragischen Unfall gehandelt haben sollte, dann muss mindestens eine Person aus dieser Runde der oder die Täter:in sein. Das weiß auch Chief Inspector Piperton von Scotland Yard und hat heute Abend, an Miss Sophies 50. Geburtstag, noch einmal alle Partygäste an den Tatort einbestellt, den berühmten Speisesaal.

WIE FUNKTIONIERT DAS KRIMI-DINNER?

Beim **Dinner-for-One**-Krimi-Dinner schlüpfen alle Gäste und der oder die Gastgeber:in während des gesamten Spiels in eine Rolle. Die Rollen sollten schon vor der Dinnerparty verteilt werden, damit sich alle vorab auf die ihnen zugewiesene Figur einstellen und ggf. entsprechend kleiden können.

Es geht um die Frage: **WER HAT LORD RODNEY AUF DEM GEWISSEN?**

Zusammen müsst ihr versuchen, den Fall während des mehrgängigen Menüs aufzuklären und den Mörder oder die Mörderin zu überführen.

Der oder die Spielleiter:in übernimmt die Rolle des Chief Inspectors Piperton. **Piperton führt durch die vier Ermittlungsrunden des Abends,** stellt Fragen, fasst zusammen und hat ein wenig Extrawissen.

WICHTIG: Alle Rollen müssen besetzt sein, sonst funktioniert das Spiel nicht. Es können aber zwei Gäste zusammen eine Rolle übernehmen, falls ihr mehr als sieben Personen sein solltet.

TIPP: Das Krimi-Dinner macht doppelt so viel Spaß, wenn alle in der **Mode der 1920er-Jahre** verkleidet erscheinen und wenn ein bisschen passende Deko dabei ist: **Schließlich feiern wir ja heute Miss Sophies 50. Geburtstag!**

Idealerweise sitzen die Gäste in exakt der gleichen Tischordnung wie bei Miss Sophies 90. Geburtstag. Männerrollen können selbstverständlich auch von Frauen (und umgekehrt) übernommen werden.

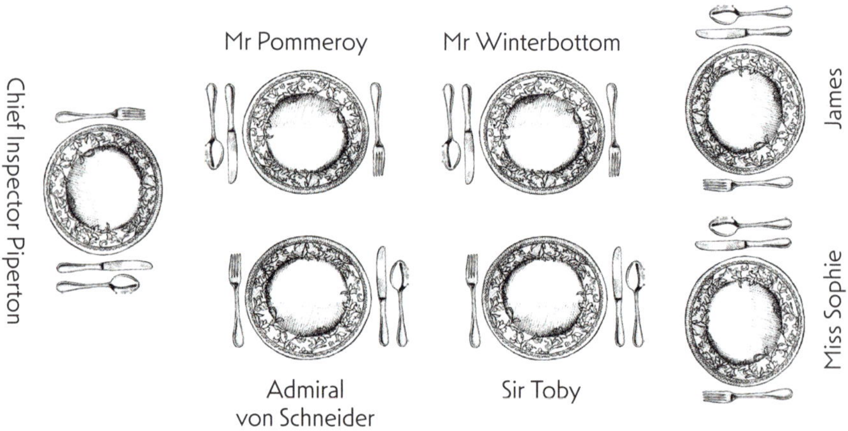

Der oder die Spielleiter:in übernimmt die Rolle von CHIEF INSPECTOR PIPERTON, und

DAS IST NOCH VOR DEM EIGENTLICHEN DINNERABEND ZU TUN:

- Trenne alle Einladungen und das Heft Chief Inspector Piperton – Spielrunde 1 am inneren Buchrand heraus.
- Schneide die Einladungen der Gäste entlang der gepunkteten Linien in zwei Hälften und verteile sie ein paar Tage vor dem Dinnerabend an deine Gäste.
- Wenn an diesem Abend du die Spielleitung übernimmst, dann lies dir nun das Heft Chief Inspector Piperton – Spielrunde 1 durch. Wenn jemand anderes die Spielleitung, also die Rolle von Inspector Piperton, übernehmen soll, dann gib dieser Person das Heft ebenfalls ein paar Tage vor dem Krimi-Dinner.

DAS MENÜ

Du kannst für das Dinner ein Essen servieren, das idealerweise aus **vier Gängen** besteht, passend zu den Spielrunden. **Die Spielrunden/Gänge sind nach den Speisen und Getränken benannt, die auch im Originalsketch serviert werden. Selbstverständlich kann aber ein ganz anderes Menü serviert werden.** Es bietet sich an, das Menü einfach zu halten.

Miss Sophie und James sollten über die Speisenfolge informiert werden, dann können die beiden der Runde verkünden, was ihnen aufgetischt wird. **Stilecht sollte James an dem Abend das Menü oder zumindest die Getränke servieren.**

IHR BRAUCHT FÜR DAS SPIEL:

- Für jede Person 1 Stift ◆ 1 Schere ◆ Leckere Getränke ◆ Ein Vier-Gänge-Menü
- Hinten im Buch gibt es für alle Gäste Platzkarten zum Herausschneiden.

Im Verlauf des Spiels bekommen alle Mitspielenden immer mehr Informationen über ihre eigene Rolle und über die der anderen: Gemeinsame Vorgeschichten, mögliche Tatmotive und Ungereimtheiten kommen ans Licht.

Alle Gäste erfahren erst während des Spiels, was sie während des tödlichen Abends wirklich getan haben. Selbst der Chief Inspector kennt anfangs noch nicht alle Zusammenhänge und kann bis kurz vor Ende miträtseln. Erst in der letzten Spielrunde zeigt sich der Fall auch für Piperton in einem ganz neuen Licht.

DIE WICHTIGSTEN INFOS ZUR DURCHFÜHRUNG NOCH EINMAL IN KÜRZE

- Chief Inspector **Piperton übernimmt die Spielleitung** und führt durch das Spiel.
- Noch **vor der Dinnerparty werden die Einladungen an alle Gäste verteilt.**
- Der Inspector liest sich sein Heft **Chief Inspector Piperton – Spielrunde 1** noch vor der eigentlichen Dinnerparty durch.
- Es gibt insgesamt **vier Spielrunden.**
- **Alle Gäste haben ihre individuellen Spielhefte, die nur sie lesen und dem Heft entnehmen dürfen.** Auf der Heftaußenseite stehen jeweils die Spielrunde und der Name der Rolle, die es lesen darf.
- Am Ende muss der Tod von Lord Rodney aufgeklärt werden.

DIE SPIELHEFTE

In den Spielrunden 2–4 dürfen sich alle Gäste ihre Hefte selbst aus dem Buch herausnehmen. **Wichtig: Alle Mitspielenden dürfen nur das Heft mit dem zugewiesenen Rollennamen heraustrennen und nur das Spielheft der jeweiligen Spielrunde lesen.** Manchmal gibt es Beweise und Spuren auf den Außenseiten der einzelnen Hefte, die auch den anderen gezeigt werden dürfen. Wenn dies der Fall ist, steht diese Info im jeweiligen Heft. Ansonsten gilt: **Dein Spielheft sehen nur deine Augen!**

DER SPIELABLAUF

SPIELRUNDE 1

DIE VORSPEISE – **Mulligatawny Soup & Sherry**

Die Gäste haben die Infos aus der Einladung. Sie wissen also, dass es heute Abend – ausgerechnet am 50. Geburtstag von Miss Sophie und eine Woche nach dem plötzlichen Tod von Lord Rodney – darum gehen wird, zu klären, ob es sich um einen natürlichen Tod oder um Mord gehandelt hat. Ein Chief Inspector von Scotland Yard hat heute Abend jede Menge Fragen an die Runde, möchte aber, dass sich **alle erst einmal vorstellen (mit den Infos auf ihren Einladungen).** Dabei achten die Gäste darauf, der Runde alle Infos aus ihrer Einladung zu übermitteln.

SPIELRUNDE 2

DER ZWISCHENGANG – North Sea Haddock & White Wine

Die **Gäste nehmen sich ihre Informationen zur Spielrunde 2** aus dem Buch und erklären, wann sie Lord Rodney am Tag seines Todes zuletzt gesehen und wo sie sich zur Tatzeit aufgehalten haben. Hilfe erhalten die Anwesenden durch einen großen **Grundriss des Hauses,** außerdem befindet sich auf der Außenseite der Hefte eine **Tabelle, in die alle die Alibis der anderen und im Folgenden auch mögliche Motive für einen Mord eintragen können.** Danach sind die **ersten drei der am Tatort gefundenen Spuren an der Reihe,** die von Scotland Yard Schritt für Schritt abgearbeitet werden, sodass sich die ersten Gäste in Widersprüche verstricken.

SPIELRUNDE 3

DER HAUPTGANG – Chicken Roast from the oven & Champagne

Die Gruppe entnimmt dem Buch nun die Hefte für die Spielrunde 3. Inspector Piperton präsentiert die leicht **widersprüchlichen medizinischen Ergebnisse der Untersuchung des Toten.** Beim Betrachten der **Tatortspuren vier bis sechs** kommt es zu ersten Teilgeständnissen, die die Fakten nun in einem anderen Licht beleuchten. Am Ende dieser Runde sollen alle ihren **Tipp abgeben zu: Täter:in? Tatmotiv? Tathergang?**

Anschließend sammelt Piperton die ausgefüllten Bögen der Gäste ein, wertet sie mit der Gruppe aus und vergleicht sie mit dem vorläufigen Ergebnis von Scotland Yard. **Dann jedoch erhält Piperton ganz frische, neue Informationen.** Nun dürfen alle die Hefte für die vierte Runde aus dem Buch trennen (hier braucht ihr eine Schere).

SPIELRUNDE 4

DAS DESSERT – Fruit Dessert & Port Wine

Der Chief Inspector präsentiert ein neues Detail, woraufhin zwei weitere Geständnisse erfolgen. Dann präsentiert Piperton das offizielle Ermittlungsergebnis von Scotland Yard, und die Spielenden können sich nun entscheiden, ob das Spiel hier endet oder ob es **ein alternatives Ende** mit einem etwas schwärzeren Humor geben soll.

BEI ZWEIFELN:

Im hinteren Teil des Buches gibt es eine Auflösung.
Hier ist die **Chronik** der (möglichen) Tat zusammengefasst.

SPUR 1 ZUGTICKET ASSAM – DARJEELING. Gefunden in der Innentasche des Jacketts des Toten.
SPUR 2 TABLETTENRÖHRCHEN. Gefunden in der Hosentasche des Toten.
SPUR 3 RESTE VON PFLANZENSAMEN. Gefunden in der Außentasche des Jacketts des Toten.
SPUR 4 ZEITUNGSAUSSCHNITT. Gefunden in der Innentasche des Jacketts des Toten.
SPUR 5 VISITENKARTE EINER ANWALTSKANZLEI. Gefunden in der Brusttasche des Hemds des Toten.
SPUR 6 SCHLÜSSEL. Gefunden in der Hosentasche des Toten.
2
5
Todeszeitpunkt zwischen
17:45 und 18:00 Uhr
1
4
3
6

Chief Inspector Piperton

SPIELRUNDE 1

DIE VORSPEISE
MULLIGATAWNY SOUP & SHERRY

ÄHREND ALLE SCHON DIE VORSPEISE VOR SICH AUF DEM ISCH STEHEN HABEN, BETRITTST DU ALS LETZTE PERSON DEN RAUM UND STARTEST DAMIT DAS SPIEL!

u stellst dich vor: **Du bist Chief Inspector Piperton von Scotland Yard.** Du entschul- igst dich für die Unannehmlichkeiten. Schließlich ist heute Miss Sophies Geburtstag. och weil zu diesem Anlass alle Personen zusammengekommen sind, die auch am odestag von Lord Rodney anwesend waren, wolltest du die Chance nutzen, nach ner Woche intensiver Ermittlungen heute endlich zu klären, wie der Lord ums Leben ekommen ist.

ann **bittest du um die Mithilfe der Anwesenden!** Denn, wenn es kein tragischer nfall war, dann **ist der oder die Täter:in heute Abend hier im Raum!**

Bitte alle Gäste, sich dir noch einmal vorzustellen und zu erzählen, in welchem Verhältnis sie zu Lord Rodney standen. Auch Miss Sophie wird befragt. Die Reihenfolge der Befragung ist egal, nur Butler James wird standesgemäß als Letzter befragt.

FOLGENDE INFOS SOLLTEST DU VON DEN GÄSTEN BEKOMMEN, WENN NICHT, FRAGE GEZIELT NACH!

MR WINTERBOTTOM: Liebt den *Royal Charity Club*, hat aber die Wahl zum Club-Präsidenten gegen Rodney verloren. Hat sich mit dem Lord über ein Insektenschutzmittel unterhalten. Trägt immer ein Fernglas bei sich.

SIR TOBY: Margret, seine Verlobte, ist gerade in Indien. Toby kennt den geizigen Lord seit seiner Kindheit, Rodney hat einmal versucht, ihm die Freundin auszuspannen.

MR POMMEROY: Lord Rodney hatte ihm finanziell geholfen. Zu Rodneys Welcome-back-Party hat er eine Jongliershow aufgeführt.

ADMIRAL VON SCHNEIDER: Hat eine Wette gewonnen: Lord Rodney wog nach der Reise 12 Pfund mehr. Rodney hatte am Todestag viel Alkohol getrunken.

MISS SOPHIE: Bekam ihren Gatten kaum zu sehen. Er war entweder in seinem *Gentlemen's Club*, in Indien oder in seinem Labor. Kurz vor Rodneys Tod gab es einen Streit um Deko-Hunde und weil Sophie den Wintergarten zur Bühne umgestalten ließ.

BUTLER JAMES: Als Hobbybotaniker arbeitete Lord Rodney an einem Pestizid auf Rizinusbasis, dazu muss hochgiftiges Rizin extrahiert werden. Es wird behauptet, der Lord habe die Wahl im Club manipuliert.

Wenn sich alle vorgestellt haben, bittest du die Gäste, ihre Spielhefte der Spielrunde 2 aus dem Buch herauszutrennen. **Nun kann der nächste Gang (Zwischengang) serviert werden.** Dabei sollen sich alle das eigene Spielheft der Spielrunde 2 durchlesen. Auch du liest dir jetzt dein Heft zur Spielrunde 2 durch.

Wir befinden uns in der Mitte der 1920er-Jahre. **Miss Sophie trauert um ihren Gatten Lord Rodney.** Frisch zurückgekehrt von einem Besuch seiner Teeplantagen in Indien, ist er noch am Tag seiner Rückkehr bei einer Willkommensparty auf dem eigenen Landsitz verstorben, umgeben von seinen engsten Freunden. Niemand scheint jedoch zu wissen, was genau mit dem Aristokraten und Hobbybiologen passiert ist, bevor er **leblos auf dem Tigerfell liegend im Speisesaal des riesigen Hauses gefunden** wurde. Laut seinen Gästen hatte er den ein oder anderen Welcome-back-Drink zu sich genommen, was aber seinen so plötzlichen Tod nicht erklärt. Aufgrund der Wichtigkeit des Toten (Rodney war Englands größter Tee-Importeur) ist der Fall direkt an Scotland Yard übergeben worden.

Eine Woche nach dem mysteriösen Ableben des Lords tappen die Ermittler jedoch noch immer im Dunkeln. Wie praktisch, dass alle Verdächtigen sich heute ein weiteres Mal am Unglücksort treffen, um – frei nach dem Motto: **»the same procedure as last week« – bei einem glamourösen Dinner Sophies 50. Geburtstag zu feiern.**

Ideale Voraussetzungen für dich als Inspector, allen Gästen noch einmal auf den Zahn zu fühlen, denn du hast den dringenden Verdacht, dass es kein Zufall war, dass Miss Sophies Gatte im Kreise seiner engsten Vertrauten gestorben ist, und verkündest laut: **»Niemand verlässt das Anwesen, bis der Tod von Lord Rodney aufgeklärt ist.«**

DU SPIELST DIE ROLLE VON CHIEF INSPECTOR PIPERTON.

Du trägst zurückgegeltes Haar und einen feinen Schnauzer – ehrlich gesagt, siehst du exakt aus wie Heinz Piper, der uns jedes Jahr an Silvester eloquent vorbereitet auf »das ungewöhnlichste Geburtstagsdinner, das es je gab«. Du bist um die 40 Jahre alt und einer der scharfsinnigsten Ermittler von Scotland Yard. Außerdem bist du sehr vornehm und achtest sowohl auf deine Ausdrucksweise als auch auf deine Manieren. Du wirst in vier Fragerunden mit allen Anwesenden noch einmal alle Funde am Tatort durchgehen und dabei mit den Gästen zusammen herausfinden, was vor einer Woche in diesem Anwesen wirklich mit Lord Rodney geschehen ist. Miss Sophie ist nicht begeistert, dass du heute, ausgerechnet bei ihrem Geburtstagsdinner, die Ermittlungen durchführst. Für diese Unannehmlichkeiten entschuldigst du dich regelmäßig bei ihr.

Chief Inspector SPIELRUNDE 1

Scotland Yard Verdächtige	Alibi zur Todeszeit (17:45–18:10 Uhr)	Hat Lord Rodney zuletzt gesehen um	Mögliches Motiv	Möglicher Tathergang
Mr Winterbottom				
Sir Toby				
Mr Pommeroy				
Admiral von Schneider				
Miss Sophie				
James				

EINLADUNG FÜR

Miss Sophie

Dinner for One

KRIMI Dinner

EINLADUNG FÜR

James

Dinner for One

KRIMI Dinner

Miss Sophie

Du bist eine echte Lady, hochgeboren, würdevoll und heute, an deinem 50. Geburtstag, attraktiver denn je. Sentimentalitäten haben in deinem Leben wenig Platz. Der Tod deines Gatten war ein Schicksalsschlag, aber das Leben geht ja schließlich weiter. Deshalb hast du dich entschlossen, dich nun wieder **Miss Sophie** zu nennen anstatt Lady So-und-so, Witwe von Lord Rodney. **Du hast deinen verstorbenen Gatten in den letzten Jahren nicht oft gesehen, weil er geschäftlich viel unterwegs war: Die Teeplantagen liegen ja am anderen Ende des Empires, in Indien.** Und wenn er mal zu Hause war, **mischte er in seinem Labor im Gewächshaus irgendwelches Kraut zusammen, amüsierte sich in seinen Gentlemen's Clubs** oder beschwerte sich darüber, dass du im Haus umdekoriert hattest. **Wegen ein paar Deko-Hunden und weil du den Wintergarten zum Theaterraum umbauen lassen hast, gab es kurz vor seinem Tod noch einen entsetzlichen Streit.** Da ihr keine Nachkommen habt, gehören der Landsitz und das riesige Vermögen jetzt dir allein.

Bringe in der Vorstellungsrunde die oben stehenden Infos unter, vor allem die hervorgehobenen.

Du kannst gern hin und wieder den Satz bringen: »the same procedure as every year«, »... as last week« etc. Außerdem bist du »not amused«, dass an deinem Geburtstag Ermittlungen stattfinden, das äußerst du an dem Dinnerabend regelmäßig. Da du das Umdekorieren liebst, kannst du gern immer mal ein paar Gläser/Vasen etc. umstellen.

Butler James

Du bist schon mehr als 20 Jahre als Butler bei Lord Rodney und Miss Sophie beschäftigt und kennst viele Familiengeheimnisse, zu denen du diskret schweigst. Du lobst Lord Rodney: **Er war frisch gewählter Präsident des örtlichen *Royal Charity Clubs*.** Der Präsident dieses Clubs hat alle zwei Jahre eine Audienz beim König. **Die Behauptung, Rodney habe die Stimmen dieser Wahl gekauft, ist üble Nachrede.** Rodney hatte sich eine dieser Personenwaagen angeschafft, weil er abnehmen wollte. Du musstest das riesige Gerät ins Herrenzimmer schleppen. Wenn der Lord unterwegs war, hast du dich um Miss Sophie gekümmert. Ihr versteht euch prächtig, und auch wenn sie fünf Jahre älter ist als du und ihr in einem seriös geschäftlichen Verhältnis zueinander steht, findest du sie höchst attraktiv und lässt sie das durch deine aufmerksame Art spüren. Du fandest Rodneys Leidenschaft für die Hobbybotanik beeindruckend: **Er arbeitete in seinem Labor an einem neuen Pestizid auf Rizinusbasis.** Er hat dir das genau erklärt: Zuerst müssen dafür aus der Pflanze **das hochgiftige Rizin und das als Abführmittel bekannte Rizinusöl getrennt werden.** Deshalb haben Kinder keinen Zutritt zum Labor, dort steht das giftige Rizin!

Bringe in der Vorstellungsrunde die oben stehenden Infos unter, vor allem die hervorgehobenen.

Du bist stets höflich und auf das Wohl der Gäste bedacht. Du fragst immer wieder, ob du Miss Sophie zur Hand gehen darfst, und achtest darauf, dass die Gläser aller Anwesenden stets gefüllt sind.

WIR BEFINDEN UNS IN DER MITTE DER 1920ER-JAHRE.

Miss Sophie trauert um ihren Gatten Lord Rodney. Frisch zurückgekehrt von einem Besuch seiner Teeplantagen in Indien, ist er noch am Tag seiner Rückkehr bei einer Willkommensparty auf dem eigenen Landsitz verstorben, umgeben von seinen engsten Freunden. Niemand scheint jedoch zu wissen, was genau mit dem Aristokraten und Hobbybiologen passiert ist, bevor er **leblos auf dem Tigerfell liegend im Speisesaal des riesigen Hauses gefunden wurde.** Laut seinen Gästen hatte er den ein oder anderen Welcome-back-Drink zu sich genommen, was aber seinen so plötzlichen Tod nicht erklärt. Aufgrund der Wichtigkeit des Toten (Rodney war Englands größter Tee-Importeur) ist der Fall direkt an Scotland Yard übergeben worden.

Eine Woche nach dem mysteriösen Ableben des Lords tappen die Ermittler jedoch noch immer im Dunkeln. Wie praktisch, dass alle Verdächtigen sich heute ein weiteres Mal am Unglücksort treffen, um – frei nach dem Motto: **»the same procedure as last week« – bei einem glamourösen Dinner Sophies 50. Geburtstag zu feiern.**

Ideale Voraussetzungen für Inspector Piperton, allen Gästen noch einmal auf den Zahn zu fühlen, denn er hat den dringenden Verdacht, dass es kein Zufall war, dass Miss Sophies Gatte im Kreise seiner engsten Vertrauten gestorben ist, und entscheidet:

NIEMAND VERLÄSST DAS ANWESEN, BIS DER TOD VON LORD RODNEY AUFGEKLÄRT IST.

WIR BEFINDEN UNS IN DER MITTE DER 1920ER-JAHRE.

Miss Sophie trauert um ihren Gatten Lord Rodney. Frisch zurückgekehrt von einem Besuch seiner Teeplantagen in Indien, ist er noch am Tag seiner Rückkehr bei einer Willkommensparty auf dem eigenen Landsitz verstorben, umgeben von seinen engsten Freunden. Niemand scheint jedoch zu wissen, was genau mit dem Aristokraten und Hobbybiologen passiert ist, bevor er **leblos auf dem Tigerfell liegend im Speisesaal des riesigen Hauses gefunden wurde.** Laut seinen Gästen hatte er den ein oder anderen Welcome-back-Drink zu sich genommen, was aber seinen so plötzlichen Tod nicht erklärt. Aufgrund der Wichtigkeit des Toten (Rodney war Englands größter Tee-Importeur) ist der Fall direkt an Scotland Yard übergeben worden.

Eine Woche nach dem mysteriösen Ableben des Lords tappen die Ermittler jedoch noch immer im Dunkeln. Wie praktisch, dass alle Verdächtigen sich heute ein weiteres Mal am Unglücksort treffen, um – frei nach dem Motto: **»the same procedure as last week« – bei einem glamourösen Dinner Sophies 50. Geburtstag zu feiern.**

Ideale Voraussetzungen für Inspector Piperton, allen Gästen noch einmal auf den Zahn zu fühlen, denn er hat den dringenden Verdacht, dass es kein Zufall war, dass Miss Sophies Gatte im Kreise seiner engsten Vertrauten gestorben ist, und entscheidet:

NIEMAND VERLÄSST DAS ANWESEN, BIS DER TOD VON LORD RODNEY AUFGEKLÄRT IST.

EINLADUNG

KRIMI Dinner

ZU MISS SOPHIES
50. GEBURTSTAG

WANN:

WO:

DU SPIELST DIE ROLLE VON:

Miss Sophie

Dinner for One

EINLADUNG

KRIMI Dinner

ZU MISS SOPHIES
50. GEBURTSTAG

WANN:

WO:

DU SPIELST DIE ROLLE VON:

James

Dinner for One

EINLADUNG FÜR

Mr Winterbottom

Dinner for One

KRIMI Dinner

EINLADUNG FÜR

Mr Pommeroy

Dinner for One

KRIMI Dinner

Mr Winterbottom

Du bist ein gemütlicher, leicht rundlicher Lokalpolitiker. Du isst und trinkst gern, sammelst allerhand Dinge, u.a. Zeitungsartikel. Du erzählst gern Witze, liebst das Vereinswesen und bist in fast jedem Club der Stadt Präsident oder im Vorstand. **Besonders der RCC (*Royal Charity Club*) liegt dir am Herzen.** Dort hast du Rodney auch kennengelernt. **Bis vor Kurzem warst du im RCC Präsident, doch nun hast du die Wahl zum Club-Präsidenten gegen Rodney verloren.** Böse Stimmen behaupten, Rodney habe die Wahl manipuliert. Das würde dich nicht wundern, aber du erzählst niemandem, dass du ebenfalls glaubst, dass Rodney die Wahl manipuliert hat. Den Lord hast du vor allem wegen seiner sympathischen Frau Sophie geschätzt, auf die du ein kleines Auge geworfen hast. Rodneys Kenntnisse über Flora und Fauna hast du bewundert. **Du hast dich mit dem Lord über sein neues Insektenschutzmittel auf Rizinusbasis unterhalten.** Auch du interessierst dich für die Natur, du bist leidenschaftlicher Wanderer **und hast immer ein kleines Fernglas dabei.**

Bringe in der Vorstellungsrunde die oben stehenden Infos unter, vor allem die hervorgehobenen.

Wenn bei Tisch angestoßen wird, sagst du: »Auf Miss Sophie, sie wird von Jahr zu Jahr jünger!« Wenn du ein stärkeres Getränk trinkst, dann sagst du mit verzogener Miene: »Uhhhh ... I'll kill that cat!« Du lässt keine Gelegenheit aus, um Sophie ein Kompliment zu machen.

Mr Pommeroy

Du wirkst eher schmächtig. Dass du dich zu Männern hingezogen fühlst, ist ein offenes Geheimnis. Deine Welt ist das Show Business, du bist ein begnadeter Jongleur und hast bereits mit Charlie Chaplin und Stan Laurel auf der Bühne gestanden. Du hast nach dem Krieg (1918) dein eigenes Varieté im Londoner West End gegründet, ***Pomm's Show Palace.*** **Lord Rodney und Admiral von Schneider waren dort Stammgäste.** Aber durch die vielen Filme von Charlie Chaplin und Co. wollten die Leute nur noch alle ins Kino gehen, und dein Varieté schrieb rote Zahlen. Vor einem Jahr musstest du es hoch verschuldet schließen. **Zum Glück hat Lord Rodney dir Geld geliehen, um die Schulden zu begleichen.** Die Welt des Geldes ist halt nichts für dich. Für ein kleines Spielchen bist du aber immer zu haben. So hat Admiral von Schneider mit dir gewettet, dass der Lord mit mehr Pfunden aus Indien zurückkehrt, du hast dagegengehalten. Der Admiral hat die Wette gewonnen. **Zur Welcome-back-Party von Rodney voriges Wochenende hast du für alle eine kleine Jongliershow veranstaltet.**

Bringe in der Vorstellungsrunde die oben stehenden Infos unter, vor allem die hervorgehobenen.

Miss Sophie hat deine Kunst immer unterstützt und dich weiterempfohlen. Dafür bist du ihr sehr dankbar. Wenn die Gläser erhoben werden, sagst du: »Auf ein frohes neues Lebensjahr, Miss Sophie, meine Muse.« Versuche, während des Dinners ein bisschen Magie zu verbreiten, indem du beispielsweise Pfeffer über einer Kerze verstreust und sagst: »Es liegt ein Knistern in der Luft!«

WIR BEFINDEN UNS IN DER MITTE DER 1920ER-JAHRE.

Miss Sophie trauert um ihren Gatten Lord Rodney. Frisch zurückgekehrt von einem Besuch seiner Teeplantagen in Indien, ist er noch am Tag seiner Rückkehr bei einer Willkommensparty auf dem eigenen Landsitz verstorben, umgeben von seinen engsten Freunden. Niemand scheint jedoch zu wissen, was genau mit dem Aristokraten und Hobbybiologen passiert ist, bevor er **leblos auf dem Tigerfell liegend im Speisesaal des riesigen Hauses gefunden wurde.** Laut seinen Gästen hatte er den ein oder anderen Welcome-back-Drink zu sich genommen, was aber seinen so plötzlichen Tod nicht erklärt. Aufgrund der Wichtigkeit des Toten (Rodney war Englands größter Tee-Importeur) ist der Fall direkt an Scotland Yard übergeben worden.

Eine Woche nach dem mysteriösen Ableben des Lords tappen die Ermittler jedoch noch immer im Dunkeln. Wie praktisch, dass alle Verdächtigen sich heute ein weiteres Mal am Unglücksort treffen, um – frei nach dem Motto: **»the same procedure as last week« – bei einem glamourösen Dinner Sophies 50. Geburtstag zu feiern.**

Ideale Voraussetzungen für Inspector Piperton, allen Gästen noch einmal auf den Zahn zu fühlen, denn er hat den dringenden Verdacht, dass es kein Zufall war, dass Miss Sophies Gatte im Kreise seiner engsten Vertrauten gestorben ist, und entscheidet:

NIEMAND VERLÄSST DAS ANWESEN, BIS DER TOD VON LORD RODNEY AUFGEKLÄRT IST.

WIR BEFINDEN UNS IN DER MITTE DER 1920ER-JAHRE.

Miss Sophie trauert um ihren Gatten Lord Rodney. Frisch zurückgekehrt von einem Besuch seiner Teeplantagen in Indien, ist er noch am Tag seiner Rückkehr bei einer Willkommensparty auf dem eigenen Landsitz verstorben, umgeben von seinen engsten Freunden. Niemand scheint jedoch zu wissen, was genau mit dem Aristokraten und Hobbybiologen passiert ist, bevor er **leblos auf dem Tigerfell liegend im Speisesaal des riesigen Hauses gefunden wurde.** Laut seinen Gästen hatte er den ein oder anderen Welcome-back-Drink zu sich genommen, was aber seinen so plötzlichen Tod nicht erklärt. Aufgrund der Wichtigkeit des Toten (Rodney war Englands größter Tee-Importeur) ist der Fall direkt an Scotland Yard übergeben worden.

Eine Woche nach dem mysteriösen Ableben des Lords tappen die Ermittler jedoch noch immer im Dunkeln. Wie praktisch, dass alle Verdächtigen sich heute ein weiteres Mal am Unglücksort treffen, um – frei nach dem Motto: **»the same procedure as last week« – bei einem glamourösen Dinner Sophies 50. Geburtstag zu feiern.**

Ideale Voraussetzungen für Inspector Piperton, allen Gästen noch einmal auf den Zahn zu fühlen, denn er hat den dringenden Verdacht, dass es kein Zufall war, dass Miss Sophies Gatte im Kreise seiner engsten Vertrauten gestorben ist, und entscheidet:

NIEMAND VERLÄSST DAS ANWESEN, BIS DER TOD VON LORD RODNEY AUFGEKLÄRT IST.

EINLADUNG

KRIMI Dinner

ZU MISS SOPHIES
50. GEBURTSTAG

WANN:

WO:

DU SPIELST DIE ROLLE VON:

Mr Winterbottom

Dinner for One

EINLADUNG

KRIMI Dinner

ZU MISS SOPHIES
50. GEBURTSTAG

WANN:

WO:

DU SPIELST DIE ROLLE VON:

Mr Pommeroy

Dinner for One

EINLADUNG FÜR

Admiral v. Schneider

Dinner for One

KRIMI Dinner

EINLADUNG FÜR

Sir Toby

Dinner for One

KRIMI Dinner

Admiral von Schneider

Du bist ein preußischer Offizier, den es nach dem Ersten Weltkrieg nach England verschlagen hat. Du hast aber auch noch Kontakte zur deutschen Reichswehr. Dir gefällt, dass die Engländer nicht so schrecklich sentimental sind wie die Deutschen und dass es hier überall Wettbüros gibt. Denn **Wetten sind deine große Leidenschaft. Zuletzt hattest du mit Mr Pommeroy gewettet, dass Rodney in Indien von Festbankett zu Festbankett gereist ist und nach seiner Rückkehr mindestens 6 Pfund (ca. 3 Kilo) mehr wiegen würde als vorher. Es ging nur um eine kleine Summe, aber du hast gewonnen, es waren sogar 12 Pfund!** Das Ableben des Lords hat dich natürlich bewegt, aber einen preußischen Offizier wirft nichts und niemand um. **Lord Rodney hatte an seinem Todestag viel getrunken, das verträgt nicht jeder.** Du lobst Lord Rodney in den höchsten Tönen: »Guter Mann, Lord Rodney, guter Mann!«, weil er dir aus der Patsche geholfen hat, als du kurzzeitig ein kleineres finanzielles Problemchen hattest.

Bringe in der Vorstellungsrunde die oben stehenden Infos unter, vor allem die hervorgehobenen.

Du sprichst sehr zackig und eher ein bisschen zu laut als zu leise. Du kannst es nicht leiden, wenn andere am Tisch rumlümmeln und nicht gerade sitzen. Falls das bei den anderen Gästen der Fall sein sollte, weist du sie für alle hörbar darauf hin. Du rufst »Skol«, wenn du dein Glas erhebst.

Sir Toby

Du bist ein alternder Playboy, immer noch attraktiv, lebenslustig und trinkfest. Deine Leidenschaft gilt den Frauen und der Jagd. **Deine wunderhübsche junge Verlobte Margret McGuire ist gerade in Indien unterwegs**, um ihre Halbschwester zu besuchen. Alle beneiden dich um dieses Mädchen! Du bist halt ein Glückspilz, immer jung geblieben und immer noch um so viel besser aussehend als alle deine Freunde! **Lord Rodney kennst du schon aus Schulzeiten. Dort versuchte er einst, dir ein Mädchen auszuspannen,** aber das ist Vergangenheit und längst vergessen. Schon damals war Rodney ein Ass in Biologie, und auch mit Geld konnte er schon immer umgehen. **Dabei war er nicht besonders freundlich zu seinen Mitmenschen und dazu ziemlich geizig. Seit er sich eine Stadtwohnung in London zugelegt hat, habt ihr euch an den Wochenenden öfter mal im West End herumgetrieben.** Dort kann man viel Spaß haben. Mit Rodney warst du öfter mal jagen. Von einer seiner Indienreisen brachte Rodney dann dieses Tigerfell mit, das nun den Speisesaal ziert. Aus lauter Eifersucht über dieses Prachtexemplar lässt du kein gutes Haar an dem Tiger.

Bringe in der Vorstellungsrunde die oben stehenden Infos unter, vor allem die hervorgehobenen.

Du bittest James an diesem Abend immer wieder mal, dein Glas doch bitte richtig vollzuschenken. Wenn du dein Glas erhebst, sagst du: »Cheerio, Miss Sophie!« Wenn du richtig in Laune bist, rufst du: »Sugar in the morning!« Du bringst immer wieder das Tigerfell zur Sprache und degradierst es zu einem »Bettvorleger«.

WIR BEFINDEN UNS IN DER MITTE DER 1920ER-JAHRE.

Miss Sophie trauert um ihren Gatten Lord Rodney. Frisch zurückgekehrt von einem Besuch seiner Teeplantagen in Indien, ist er noch am Tag seiner Rückkehr bei einer Willkommensparty auf dem eigenen Landsitz verstorben, umgeben von seinen engsten Freunden. Niemand scheint jedoch zu wissen, was genau mit dem Aristokraten und Hobbybiologen passiert ist, bevor er **leblos auf dem Tigerfell liegend im Speisesaal des riesigen Hauses gefunden wurde.** Laut seinen Gästen hatte er den ein oder anderen Welcome-back-Drink zu sich genommen, was aber seinen so plötzlichen Tod nicht erklärt. Aufgrund der Wichtigkeit des Toten (Rodney war Englands größter Tee-Importeur) ist der Fall direkt an Scotland Yard übergeben worden.

Eine Woche nach dem mysteriösen Ableben des Lords tappen die Ermittler jedoch noch immer im Dunkeln. Wie praktisch, dass alle Verdächtigen sich heute ein weiteres Mal am Unglücksort treffen, um – frei nach dem Motto: **»the same procedure as last week« – bei einem glamourösen Dinner Sophies 50. Geburtstag zu feiern.**

Ideale Voraussetzungen für Inspector Piperton, allen Gästen noch einmal auf den Zahn zu fühlen, denn er hat den dringenden Verdacht, dass es kein Zufall war, dass Miss Sophies Gatte im Kreise seiner engsten Vertrauten gestorben ist, und entscheidet:

NIEMAND VERLÄSST DAS ANWESEN, BIS DER TOD VON LORD RODNEY AUFGEKLÄRT IST.

WIR BEFINDEN UNS IN DER MITTE DER 1920ER-JAHRE.

Miss Sophie trauert um ihren Gatten Lord Rodney. Frisch zurückgekehrt von einem Besuch seiner Teeplantagen in Indien, ist er noch am Tag seiner Rückkehr bei einer Willkommensparty auf dem eigenen Landsitz verstorben, umgeben von seinen engsten Freunden. Niemand scheint jedoch zu wissen, was genau mit dem Aristokraten und Hobbybiologen passiert ist, bevor er **leblos auf dem Tigerfell liegend im Speisesaal des riesigen Hauses gefunden wurde.** Laut seinen Gästen hatte er den ein oder anderen Welcome-back-Drink zu sich genommen, was aber seinen so plötzlichen Tod nicht erklärt. Aufgrund der Wichtigkeit des Toten (Rodney war Englands größter Tee-Importeur) ist der Fall direkt an Scotland Yard übergeben worden.

Eine Woche nach dem mysteriösen Ableben des Lords tappen die Ermittler jedoch noch immer im Dunkeln. Wie praktisch, dass alle Verdächtigen sich heute ein weiteres Mal am Unglücksort treffen, um – frei nach dem Motto: **»the same procedure as last week« – bei einem glamourösen Dinner Sophies 50. Geburtstag zu feiern.**

Ideale Voraussetzungen für Inspector Piperton, allen Gästen noch einmal auf den Zahn zu fühlen, denn er hat den dringenden Verdacht, dass es kein Zufall war, dass Miss Sophies Gatte im Kreise seiner engsten Vertrauten gestorben ist, und entscheidet:

NIEMAND VERLÄSST DAS ANWESEN, BIS DER TOD VON LORD RODNEY AUFGEKLÄRT IST.

EINLADUNG

KRIMI Dinner

ZU MISS SOPHIES
50. GEBURTSTAG

WANN:

WO:

DU SPIELST DIE ROLLE VON:

Admiral von Schneider

Dinner for One

EINLADUNG

KRIMI Dinner

ZU MISS SOPHIES
50. GEBURTSTAG

WANN:

WO:

DU SPIELST DIE ROLLE VON:

Sir Toby

Dinner for One

Chief Inspector Piperton

SPIELRUNDE 2

DER ZWISCHENGANG
NORTH SEA HADDOCK & WHITE WINE

ZU DEN SPUREN HAST DU FOLGENDE FRAGEN:

SPUR 1 / ZUGTICKET

Es ist ein Erste-Klasse-Ticket für das Honeymoon-Abteil von Assam nach Darjeeling.

- **Dazu fragst du Miss Sophie:** »War das Ticket für Lord Rodney und Sie gedacht, verehrte Miss Sophie?«
- Lass das Gespräch laufen, bis Admiral von Schneider sagt: »... da könnte man ja auch eine Rolle Malariatabletten ins Fenster stellen.« Jetzt geht es mit Spur 2 weiter.

SPUR 2 / TABLETTENRÖHRCHEN MIT MALARIATABLETTEN

Inhalt des Röhrchens sind zwei Tabletten (von möglichen 25).

- **Dazu fragst du James:** »James, als Bediensteter des Lords, der wohl am meisten Zeit mit ihm verbracht hat, ... fällt Ihnen dazu etwas ein?«
- Lass das Gespräch laufen, bis **James etwas über einen Tresor** von Lord Rodney erzählt. **Du sagst dann:** »Ein Tresor? Das ist höchst interessant. Aber dazu später mehr. Wir widmen uns jetzt zuerst Spur 3!«

SPUR 3 / RESTE VON PFLANZENSAMEN

Du gibst den Anwesenden dazu folgende Infos:

- **Es handelt sich um Zerberussamen: Sie werden in Indien für Giftmorde benutzt!** Die Samen sind geschmacklos, nicht nachweisbar und führen zu sofortigem Tod, wenn man sie beispielsweise ins Essen oder einen Drink mischt. Im Jackett des Toten waren nur Reste. Aber weder im Labor noch sonst irgendwo im Haus wurden weitere Samen gefunden.

Du fragst jetzt die Gäste: »Was denken Sie, was Lord Rodney damit gemacht hat? Waren es seine Samen?«

- **Admiral von Schneider wird sich als Erster äußern** und sagen, dass Rodneys ganzes Labor voll von solchem Zeugs (giftige Samen etc.) gewesen sei.

Daraufhin fällt dir eine weitere Spur ein: »Apropos Labor! Ich habe beim Durchsuchen des Labors festgestellt, dass in dem Regal mit den vielen kleinen Fläschchen **ein Fläschchen fehlte.**« Du nimmst an, dass es sich um eine Flasche hochgiftiges **RIZIN HANDELT!**

Frage Mr Winterbottom, ob ihm die fehlende Flasche bei seinem Besuch des Labors auch aufgefallen ist. Zeige nun allen das Bild.

- **Die Runde endet, wenn Miss Sophie dich fragt, ob sie den nächsten Gang servieren lassen kann.** Ihr könnt jetzt die Hauptspeise zu euch nehmen und währenddessen oder danach die Spielrunde 3 eröffnen. Guten Appetit!

WÄHREND DES ZWISCHENGANGS ODER DANACH LEITEST DU DIE ZWEITE SPIELRUNDE EIN, INDEM DU

für alle sichtbar die **Tatortskizze** und den **Grundriss** des Hauses auf den Tisch legst. Beides befindet sich zum Heraustrennen hinten im Buch.

DANN VERKÜNDEST DU: Der Todeszeitpunkt liegt zwischen 17:45 und 18:00. Der Fund des Toten erfolgte um 18:10.

ALIBIS ABFRAGEN: Du bittest jetzt Mr Winterbottom, folgende zwei Fragen zu beantworten:

- »Mr Winterbottom, wann haben Sie den Verstorbenen zuletzt lebendig gesehen?«
- »Mr Winterbottom, wo waren Sie zur Tatzeit, also zwischen 17:45 und 18:10?«

Mr Winterbottom wird die erste Frage beantworten, woraufhin Sir Toby reagieren wird ... ein Gespräch wird entstehen, und alle Anwesenden werden in ihren Erzählungen preisgeben, wann sie Lord Rodney zuletzt lebendig gesehen haben und wo sie zur Tatzeit waren. **Mach dir dazu am besten ein paar Notizen.**

ACHTE DARAUF, dass die Befragten nicht vergessen, folgende Details zu erwähnen, sonst frage gezielt nach:

MR WINTERBOTTOM war der erste Gast auf der Party und um 16:10 mit Lord Rodney im Labor. Nur auf Hinweis von Sir Toby erinnert er sich, zwischen 17:10 und 17:20 einen Drink mit dem Lord im Herrenzimmer genommen zu haben.

SIR TOBY erzählt von einer Wette von Pommeroy und Admiral von Schneider. Sir Toby hat sich das Gewicht des Lords notiert (224 Pfund) und hat zwischen 17:20 und 17:30 mit dem Lord einen Drink im Herrenzimmer genommen.

MR POMMEROY hat Lord Rodney zuletzt am Anfang seiner Jongliershow im Publikum gesehen, hinten im Raum, neben Admiral von Schneider. Um 17:30 startete Pommeroy seine Show.

ADMIRAL VON SCHNEIDER stand während der ganzen Show im Publikum, zuerst zusammen mit Lord Rodney, der dann aber zwischen 17:40 und 17:50 ging, weil er sich nicht gut fühlte.

MISS SOPHIE weiß nicht, wann sie auf der Bühne war, denn wegen des blendenden Scheinwerferlichts konnte man von der Bühne aus die große Uhr hinten im Raum nicht sehen.

JAMES meint, er habe Mr Winterbottom aus dem Labor kommen sehen, als er um 17:10 ins Herrenzimmer zu Lord Rodney ging. Er selbst war bis um 18:00 bei der Jongliershow. Er sah sich kurz um, und weil sich zu seiner Überraschung der Lord nicht im Publikum befand, verließ er den Wintergarten, um nach ihm zu sehen. Um 18:10 fand er Lord Rodney dann tot auf dem Tigerfell liegend.

Nachdem James als Letzter sein Alibi geschildert und den Satz mit »eine Tragödie« beendet hat, geht es weiter mit den Spuren am Tatort!

Nun siehst du dir zusammen mit der Gruppe **die ersten drei Spuren** auf der Tatortzeichnung genauer an. Nähere Infos zu diesen Spuren findest du im nächsten Heft Beweismittel 1. Trenne das Heft jetzt heraus, und lege es für alle sichtbar auf den Tisch. Gib den Anwesenden etwas Zeit, um die Beweismittel 1 anzusehen. In der Zwischenzeit kannst du dir folgende Fragen durchlesen:

Riz
Riz
Riz

BEWEISMITTEL
1

SCOTLAND YARD

TOP SECRET

Inhalt: 2 Tabletten

Es handelt sich um Zerberussamen: Sie stammen aus Indien und sollen dort in einer Vielzahl von Fällen bei Giftmorden benutzt werden. Die Samen sind geschmacklos, nicht nachweisbar und führen zu sofortigem Tod, wenn man sie beispielsweise ins Essen oder einen Drink mischt.

Mit kollegialen Grüßen, Dr. Snotches

SPUR 1 ZUGTICKET ASSAM – DARJEELING. Gefunden in der Innentasche des Jacketts des Toten.
SPUR 2 TABLETTENRÖHRCHEN. Gefunden in der Hosentasche des Toten.
SPUR 3 RESTE VON PFLANZENSAMEN. Gefunden in der Außentasche des Jacketts des Toten.
SPUR 4 ZEITUNGSAUSSCHNITT. Gefunden in der Innentasche des Jacketts des Toten.
SPUR 5 VISITENKARTE EINER ANWALTSKANZLEI. Gefunden in der Brusttasche des Hemds des Toten.
SPUR 6 SCHLÜSSEL. Gefunden in der Hosentasche des Toten.
2
5
1
4
3
6
Todeszeitpunkt zwischen
17:45 und 18:00 Uhr

BEWEISMITTEL
1

SCOTLAND YARD

TOP SECRET

Mr Winterbottom

SPIELRUNDE 2

DER ZWISCHENGANG
NORTH SEA HADDOCK & WHITE WINE

Falls James sich auffällig räuspert, geh nur kurz darauf ein und sag: »Wir haben auf Rodneys Wahlsieg angestoßen, ich bin ein fairer Verlierer!«

DER INSPECTOR GEHT NUN DIE ERSTEN DREI BEWEISMITTEL MIT EUCH DURCH.

SPUR 1 / ZUGTICKET

Der Inspector befragt Miss Sophie. Dann zeigt Sophie ein Bild ihrer Deko-Porzellanhunde. Daraufhin:

- Du nickst anerkennend und murmelst: »wundervoll!«, »soo hübsch!« und »unvergleichlich!« Außerdem fällt dir auf, dass Sophie heute wieder blendend aussieht!

SPUR 2 / TABLETTENRÖHRCHEN MIT MALARIATABLETTEN

James wird als Erster dazu befragt. Später wird **Miss Sophie dein kulturelles Engagement im *Charity Club* lobend erwähnen.** Dann bestätigst du:

- »Ja, wer ist nicht alles im *Royal Charity Club* aufgetreten? Da waren die singenden Mönche von Manchester, die steppenden Husaren aus Hackney und nicht zuletzt der Chor der lustigen Witwen von Windsor. Alles kulturelle Highlights. Aber dann hat mich natürlich Lord Rodney abgelöst. In einer äh ... fairen, demokratischen Wahl.«

SPUR 3 / RESTE VON PFLANZENSAMEN

Wenn dich der Chief Inspector fragt, ob dir aufgefallen ist, dass im Labor ein Gläschen mit Rizin fehlt, sagst du:

- »Das ist mir nicht aufgefallen!«
- **Lenke das Gespräch jetzt schnell auf ein anderes Thema:** »Apropos GIFTE! Ich habe neulich einen sehr interessanten Artikel zum Thema **nicht nachweisbare Substanzen** in der *Times* gelesen und selbstverständlich ausgeschnitten und aufgehoben!«

Du liest den anderen jetzt den *Times*-Artikel vor (er ist auf der Außenseite dieser Spielanleitung), **GIB DEIN SPIELHEFT ABER NICHT AUS DEN HÄNDEN!**

ACHTUNG, INFOS NUR FÜR DICH:

Du wolltest Lord Rodney eins auswischen, weil er die Wahl zum Vorstand des *Royal Charity Clubs* manipuliert hat! **Deshalb hast du um ca. 17:05 die Gunst der Stunde genutzt und bist mit zwei vollen Whiskygläsern für dich und Lord Rodney einen Umweg übers Labor gegangen – wo du bereits um 16:10 einige Gläschen Rizinus entdeckt hattest – und hast dem Lord ein paar Tropfen daraus in den Drink gemischt,** Rizinusöl wirkt schließlich abführend, bevor du um **17:10** mit ihm auf das neue Amt des Club-Präsidenten angestoßen hast. Dabei hast du ihm vorgegaukelt, dass es dir wirklich nichts ausmache, die Wahl nicht gewonnen zu haben, und wolltest ihm später hämisch *alles Gute* wünschen, wenn er nicht mehr von der Toilette runtergekommen wäre. Du möchtest aber nicht, dass das jemand erfährt. Auch nicht, dass du weißt, dass Rodney die Wahl manipuliert hat. Nicht, dass du wegen dieses kleinen Denkzettels am Ende noch unter Mordverdacht gerätst!

LIEBER MR WINTERBOTTOM, die Sätze und Hinweise, auf die du reagieren musst, sind **ROT** gekennzeichnet. Reagiere in deiner Rolle, und achte darauf, alle Infos im Gespräch unterzubringen!

DEIN ALIBI

Inspector Piperton wird dir jetzt zwei Fragen stellen:

- **Wann hast du den Verstorbenen zuletzt lebendig gesehen?**
- **Wo warst du zur Tatzeit, also zwischen 17:45 und 18:10?**

Du antwortest wie folgt:

»Zur Tatzeit war ich bei der Jongliershow von Pommeroy, die ganze Zeit. Ich stand etwas abseits hinten links im Publikum. ... Aber ganz von vorn ...«

Du warst der erste Gast auf der Party. **Du hast dich mit dem Lord in dessen Labor zurückgezogen.** Er hat dir dort seine Forschung zu diesem neuen Pestizid gezeigt, das muss **um etwa 16:10** gewesen sein. **Der zweite Partygast war Sir Toby, für den hat der Lord dich einfach im Labor stehen lassen.**

Sir Toby wird darauf reagieren. Wenn Sir Toby sagt, er habe dich um 17:20 beim Verlassen des Herrenzimmers gesehen, erinnerst du dich:

»Ach jaaaa, ich habe ganz vergessen, dass ich im großen Salon an der Whiskybar zwei Gläser mit einem guten Tropfen besorgt habe und dann ins Herrenzimmer zu Lord Rodney gegangen bin. **Dort waren wir von 17:10 bis ca. 17:20. Zwei Männer, zwei Whisky. Also, wenn das kein Alibi ist, dann weiß ich auch nicht!«**

Scotland Yard Verdächtige	Alibi zur Todeszeit (17:45–18:10 Uhr)	Hat Lord Rodney zuletzt gesehen um	Mögliches Motiv	Möglicher Tathergang
SIR TOBY				
MR POMMEROY				
ADMIRAL VON SCHNEIDER				
MISS SOPHIE				
JAMES				

KNOCK-OUT-KRAUT!

Haben die Deutschen wirklich Knock-out-Blitztropfen entwickelt? Ist es nur ein Gerücht aus gut informierten Kreisen? Oder gibt es sie wirklich bereits: Spezialtropfen aus Rohopium und einer geheimen Zutat aus deutschen Reichswehr-Laboratorien?

Es heißt, sie werden in den Drink gemischt, und nach nur 10 Minuten ist das Opfer absolut willenlos, manipulierbar und verrät freiwillig alle Geheimnisse. Wobei die Person für Außenstehende dabei relativ normal und nur ein wenig teilnahmslos wirkt. Wenn die Wirkung nachlässt, sollen sich die Opfer dann an nichts mehr erinnern können. Wird eine zu hohe Dosis verabreicht, droht allerdings Lebensgefahr. Gerüchteweise wird die Droge von der deutschen Reichswehr und dem deutschen Geheimdienst bereits zum Einsatz gebracht. Mehr dazu im Innenteil auf Seite 27.

Sir Toby

SPIELRUNDE 2

DER ZWISCHENGANG
NORTH SEA HADDOCK & WHITE WINE

Wenn Mr Winterbottom sein Alibi berichtigt hat, sagst du: Um 17:30 gingen die Scheinwerfer an, und Mr Pommeroy startete seine **Jongliershow im Wintergarten. Du warst die ganze Zeit dort bis 18:10** und hast zwischen James und Miss Sophie gestanden. Lord Rodney und Admiral von Schneider standen bei der Show weiter hinten, glaubst du. Dazu fragst du Mr Pommeroy: »Oder? **Pomm, du hattest doch von der Bühne einen guten Überblick?«**

Mr Pommeroy wird dich fragen, warum du unbedingt das Gewicht des Lords notieren musstest. Darauf sagst du: »Wetten muss man vor neutralen Zeugen machen. Also habe ich darauf bestanden, dass noch einmal gewogen wird. Solche Daten müssen peinlich genau notiert werden, das weiß doch jeder!«

DER INSPECTOR GEHT NUN DIE ERSTEN DREI BEWEISMITTEL MIT EUCH DURCH.

SPUR 1 / ZUGTICKET

Du hast nicht viel dazu beizutragen. Aber es ist mal wieder an der Zeit, den Tigerteppich zu beschimpfen (»grässliches Tier, viel zu groß«) oder James zu bitten, dein Glas aufzufüllen: »Cheerio!«

SPUR 2 / TABLETTENRÖHRCHEN MIT MALARIATABLETTEN

James erzählt, wie schwer es war, den Lord dazu zu bewegen, die richtige Menge Tabletten zu sich zu nehmen. Du bestätigst:

- »James hat recht. So etwas kann tödlich enden. Malariamittel müssen vor, während und nach der Reise genommen werden. Das weiß ich, denn **meine Verlobte, Margret, ist auch gerade in Indien**. Sie besucht dort ihre Halbschwester.«

Daraufhin wird Mr Pommeroy die Sittlichkeit deiner Verlobten infrage stellen. Du erwiderst: »Ich verbitte mir solche Spekulationen! Meine Verlobte ist in einem ganz anderen Teil von Indien. Im Himalaja.«

- **Du präsentierst zum Beweis jetzt das Telegramm** (auf der Außenseite dieses Hefts), das du bekommen hast, und **liest es der Gruppe vor.**

Danach teilst du gegen Mr Pommeroy aus: »Außerdem bist du ja wohl der Letzte, der sich mit einer keuschen Lebensweise brüsten könnte ...«

SPUR 3 / RESTE VON PFLANZENSAMEN

Zu dieser Spur hast du nichts beizutragen.

ACHTUNG, INFOS NUR FÜR DICH:

Weil du den Eindruck hattest, dass sich Lord Rodney in der letzten Zeit ein wenig zu sehr für deine neue Freundin Margret interessiert und er dir während eurer Schulzeit schon einmal die Freundin ausgespannt hat, wolltest du dem alten Lustmolch einen Denkzettel verpassen! Der Sherry, den du mit ihm zwischen 17:20 und 17:30 im Herrenzimmer getrunken hast, **war von dir mit einer größeren Anzahl Tropfen *Spanische Fliege* versetzt**. Das ist ein Reizgift, das als Potenzmittel eingesetzt wird. In größeren Mengen eingenommen, führt es allerdings zu einer Dauererektion und somit zu großen Schmerzen »in der unteren Etage«. **Du hast das Mittel aber genau dosiert und bist dir sicher, dass Lord Rodney nicht durch deine Liebestropfen gestorben ist** (obwohl das Mittel sehr hoch dosiert zum Tod führen kann). Du bist dir mit der Dosierung deshalb so sicher, weil du dir wegen der Wette zwischen Admiral von Schneider und Mr Pommeroy beim erneuten Wiegen das exakte Gewicht von Rodney aufgeschrieben hast und so die richtige Tropfenmenge berechnen konntest (224 Pfund geteilt durch 8).

LIEBER SIR TOBY, die Sätze und Hinweise, auf die du reagieren musst, sind **ROT** gekennzeichnet. Reagiere in deiner Rolle, und achte darauf, alle Infos im Gespräch unterzubringen!

DEIN ALIBI

Mr Winterbottom wird gleich als Erster von Chief Inspector Piperton befragt. Winterbottom erzählt, dass du als Zweiter, also nach ihm, auf der Welcome-back-Feier eingetroffen bist. Daraufhin erzählst du:

Du bist um 16:20 auf der Party erschienen, es gab den üblichen Small Talk, bis dann um etwa 16:40 Mr Pommeroy und Admiral von Schneider zusammen auf dem Anwesen eintrafen. Beide waren eine Wette eingegangen, ob der Lord auf seiner Indienreise zunehmen würde. Du wolltest das Ergebnis als neutraler Wett-Zeuge notieren, deshalb hast du auf ein erneutes Wiegen gepocht. **Rodneys neue Waage steht im Herrenzimmer, du warst um 16:50 dort.**

Dann hat Miss Sophie von 17:00 bis 17:30 jedem, der wollte, ihre neu dekorierten Räume gezeigt. Während dieses Rundgangs hast du dich **gegen 17:20 auf zwei schnelle Gläser Sherry zu Lord Rodney ins Herrenzimmer gesellt. Auf dem Weg dorthin hast du Mr Winterbottom gesehen. Der hat wohl vor dir einen Drink mit Lord Rodney eingenommen.**

Du fragst Mr Winterbottom, **ob er das wohl vergessen hat zu erzählen.**

Scotland Yard Verdächtige	Alibi zur Todeszeit (17:45–18:10 Uhr)	Hat Lord Rodney zuletzt gesehen um	Mögliches Motiv	Möglicher Tathergang
MR WINTERBOTTOM				
MR POMMEROY				
ADMIRAL VON SCHNEIDER				
MISS SOPHIE				
JAMES				

Mein Kuschelbärchen,

deinem Schatz geht es gut. Meine Halbschwester hat mich gut empfangen, sie wohnt ganz hoch oben im Himalaja. Wunderbar grün ist es hier, und überall wächst guter Tee. Aber diese Hitze! Kann es kaum erwarten, zu dir zurückzukehren. Ganz dicken Kuss, vermisse dich, bis bald.

Deine Margret

Mr Pommeroy

SPIELRUNDE 2

DER ZWISCHENGANG
NORTH SEA HADDOCK & WHITE WINE

DER INSPECTOR GEHT NUN DIE ERSTEN DREI BEWEISMITTEL MIT EUCH DURCH.

SPUR 1 / ZUGTICKET

Miss Sophie wird zum Ticket als Erste befragt. Sophie wird euch ein Bild von ihren Deko-Hunden zeigen und erzählen, dass ihr Mann sie wegen dieser Hunde eines unsittlichen Lebenswandels beschuldigt hat, dazu bemerkst du:

- »Keramikhunde im Fenster? Mit einem Schloss am Halsband? Das ist interessant! Denn es gibt eine alte Tradition unter Seefahrern, weshalb diese Deko-Vierbeiner auch *Kapitänshunde* genannt werden. Je nachdem, wo die Hunde hinschauen, geben sie Auskunft darüber, ob der Mann zu Hause oder auf See ist. Wurden die Hunde mit Blick nach draußen auf die Fensterbank gestellt, konnte der sogenannte *Hausfreund* sehen, dass die Luft rein, der Mann also nicht zugegen ist. Sturmfreie Bude und Zeit, die Alleingebliebene zu, äh, ... trösten.«
- **Dann wendest du dich an Admiral von Schneider.** Frage ihn, ob auch ihm dieser Brauch bekannt ist.

SPUR 2 / TABLETTENRÖHRCHEN MIT MALARIATABLETTEN

Sir Toby wird erzählen, dass sich seine Verlobte in Indien befindet. Dazu machst du eine scharfe Bemerkung:

- **»Interessant. Margret ist also auch gerade in Indien? Gleichzeitig mit Lord Rodney? Was für ein Zufall!** Vielleicht war das mit dem Zweierticket für den Zug ja so: Sir Tobys Verlobte und Lord Rodney haben es sich geteilt. Das sähe dem alten Sparfuchs ähnlich.«
- **Sir Toby wird eine Nachricht seiner Verlobten vorlesen. Danach wird er dich für deine unkeusche Lebensweise angreifen.** Sophie wird dich in Schutz nehmen.

SPUR 3 / RESTE VON PFLANZENSAMEN

Wenn Admiral von Schneider den Vorwurf, ein Spion zu sein, weit von sich weist, unterstützt du ihn dabei. Du findest den Vorwurf ebenfalls lächerlich, Miss Sophie muss da etwas falsch verstanden haben.

LIEBER MR POMMEROY, die Sätze und Hinweise, auf die du reagieren musst, sind **ROT** gekennzeichnet. Reagiere in deiner Rolle, und achte darauf, alle Infos im Gespräch unterzubringen!

Der Inspector wird gleich mit der Befragung starten. Ein Gespräch entsteht, und ...

Sir Toby wird dich fragen, ob du Admiral von Schneider und Lord Rodney bei deiner Jongliershow hinten im Raum von der Bühne aus sehen konntest. Darauf sagst du:

»Ich kann bestätigen, dass von Schneider und Lord Rodney bei der Jongliervorführung zugeschaut haben: **Am Anfang der Show habe ich sie in der rechten Ecke des Wintergartens gesehen**, also von der Bühne aus links. Der Admiral kannte die Show bereits von früheren Auftritten und wusste, dass die Personen, die vorne stehen, auf die Bühne gerufen werden. Das wollten die zwei Spielverderber wohl nicht. Dabei hätte ich meine wahre Freude daran gehabt, wenn sie mir bei der Mango-Jonglage zur Hand gegangen wären.«

Du ergänzt, dass du den Lord zuletzt beim Wiegen gesehen hast. Sir Toby kam plötzlich gegen 16:50 ins Herrenzimmer und bestand aufgrund der Wette auf einem erneuten Wiegen. **Sir Toby hat das Gewicht peinlich genau auf einen blauen Zettel aufgeschrieben.**

- **Du fragst Sir Toby jetzt, warum er das denn unbedingt so genau aufschreiben musste.**

Wenn Sir Toby sich gerechtfertigt hat, sagst du:

»Apropos Zeugen ... Ich habe wohl das beste Alibi von allen! Denn nachdem Miss Sophie uns herumgeführt hat, um die neu dekorierten Räume zu zeigen, habe ich um **17:30 mit der Show begonnen und war dann die ganze Zeit für alle im Scheinwerferlicht gut sichtbar auf der Bühne im alten Wintergarten zu bewundern**. Bis James kurz nach 18:10 alle in den Speisesaal rief, wegen des tragischen Todesfalles.«

ACHTUNG: Falls eine Nachfrage kommt, wie du gegen das Scheinwerferlicht das Publikum sehen konntest, Miss Sophie dies aber nicht konnte, musst du der Showbusiness-unkundigen Truppe erklären: Als Profi kann man das irgendwann.

Scotland Yard Verdächtige	Alibi zur Todeszeit (17:45–18:10 Uhr)	Hat Lord Rodney zuletzt gesehen um	Mögliches Motiv	Möglicher Tathergang
MR WINTERBOTTOM				
SIR TOBY				
ADMIRAL VON SCHNEIDER				
MISS SOPHIE				
JAMES				

Admiral von Schneider

SPIELRUNDE 2

DER ZWISCHENGANG
NORTH SEA HADDOCK & WHITE WINE

DER INSPECTOR GEHT NUN DIE ERSTEN DREI BEWEISMITTEL MIT EUCH DURCH.

SPUR 1 / ZUGTICKET

Sophie wird euch ein Bild von Deko-Hunden zeigen. Mr Pommeroy erzählt von einem Seemannsbrauch und fragt dich, ob du diesen Brauch kennst. Du sagst:

- »Dieser Brauch ist mir nicht bekannt. Mag sein, dass das mit dem Hund im Fenster in kleinen, verwinkelten Gassen funktioniert, aber wenn man hier auf diesem riesigen Landsitz etwas ins Fenster stellen würde ... Um das von der Straße aus zu sehen, da bräuchte man schon einen sehr guten deutschen Feldstecher. **Da könnte man ja genauso gut ein Röhrchen Malariatabletten ins Fenster stellen, das würde auch keiner sehen.**«

SPUR 2 / TABLETTENRÖHRCHEN MIT MALARIATABLETTEN

- Dazu hast du nicht viel zu sagen. Schau lieber mal, ob jemand am Tisch rumlümmelt ... Wenn ja, befiehl ihm, gerade zu sitzen. Haltung bewahren ist wichtig!

SPUR 3 / RESTE VON PFLANZENSAMEN

Der Chief Inspector wird die gefundenen Samen **als hochgiftige Zerberussamen identifizieren.** Du äußerst dich als Erster dazu und winkst ab:

- »Das sind sicher seine Samen. Das ist typisch für den Lord. Der hatte immer irgendwelche Pflanzen in den Taschen. Vielleicht müssen Sie nur noch einmal genauer suchen. Das ganze Labor ist voll von solchem Zeugs!«

Wenn Miss Sophie erzählt, dass **Lord Rodney dich für einen deutschen Spion gehalten** hat, entrüstest du dich:

- »Ich beim Geheimdienst? Ein Spion? Bei aller Liebe, Miss Sophie! Das ist absurd! Außerdem habe ich jetzt Kohldampf – wie man in Deutschland sagt. Wo bleibt der nächste Gang? Ein deutscher Admiral darf nie zu wenig essen, das ist bekannt.«

LIEBER ADMIRAL VON SCHNEIDER die Sätze und Hinweise, auf die du reagieren musst, sind **ROT** gekennzeichnet. Reagiere in deiner Rolle, und achte darauf, alle Infos im Gespräch unterzubringen!

Der Inspector wird gleich mit der Befragung starten.
Als Ersten fragt er Mr Winterbottom. Ein Gespräch entsteht, und ...

Mr Pommeroy erzählt irgendwann, dass er das beste Alibi hat, weil er zur Tatzeit auf der Bühne war. Jetzt bist du an der Reihe. Du sprichst wie immer etwas zu laut und bewegst dich wie immer etwas zu steif:

»Ja, schlimm war das, dieser Hilferuf von James ... Ich möchte den Abend auch einmal zusammenfassen. Um auch mein Alibi gleich vorwegzunehmen: **Ich war die ganze Zeit bei Pommeroys Show!** Ich stand mit dem Lord hinten im Raum. **Lord Rodney hat dann aber irgendwann zwischen 17:40 und 17:50 den Wintergarten verlassen.** Er klagte über Übelkeit. Wahrscheinlich wegen der langen Reise. Dort habe ich ihn das letzte Mal gesehen.«

Du bist mit Mr Pommeroy um 16:40 bei der Welcome-back-Party angekommen. **Um ca. 16:40 haben Pommeroy und du den Lord dann auch gleich (das erste Mal) im Herrenzimmer gewogen,** weil ihr eine Wette am Laufen hattet. Ihr habt euch alle sehr amüsiert. Dann kam Sir Toby dazu und wollte aus dieser kleinen Spaßwette was ganz Offizielles machen. Er wollte unbedingt, dass ihr vor ihm als Zeugen erneut wiegt. Völliger Quatsch! Aber du wusstest ja, dass du die Wette gewinnen würdest, also kamt ihr seiner Bitte nach.

- **Du zeigst den anderen jetzt den blauen Zettel,** auf dem Sir Toby das Gewicht notiert hat (auf der Außenseite dieses Hefts).
- Füge hinzu: **Du hast den Zettel kurz vor der Jongliershow an der Whiskybar im großen Salon gefunden und eingesteckt.**

Scotland Yard Verdächtige	Alibi zur Todeszeit (17:45–18:10 Uhr)	Hat Lord Rodney zuletzt gesehen um	Mögliches Motiv	Möglicher Tathergang
MR WINTERBOTTOM				
SIR TOBY				
MR POMMEROY				
MISS SOPHIE				
JAMES				

224 Pfund

:8 = 28

Miss Sophie

SPIELRUNDE 2

DER ZWISCHENGANG
NORTH SEA HADDOCK & WHITE WINE

SPUR 1 / ZUGTICKET

Der Chief Inspector fragt dich, ob das Zugticket ursprünglich für dich und den Lord gekauft wurde. Du antwortest:

»Nein. Der Lord wollte nicht, dass ich ihn nach Indien begleite – aber ein völlig falsches Ticket besorgen? Das sieht ihm ähnlich. Er war in letzter Zeit ein wenig zerstreut, wusste auf Nachfrage oft nicht, wo er sich am Vorabend rumgetrieben hatte.« Er hatte auch Angst vor Veränderung: Die beiden Keramikhunde, die auf dem Kamin standen, hast du während seiner Reise neu arrangiert und ins Fenster zur Auffahrt gestellt, wo man sie auch mal von draußen sehen kann. Darüber hat sich Rodney fürchterlich aufgeregt und dich eines unzüchtigen Lebenswandels beschuldigt!

- Du zeigst den Anwesenden jetzt ein Bild von deinen Deko-Hunden (es befindet sich auf der Außenseite dieser Spielanleitung).

SPUR 2 / TABLETTENRÖHRCHEN MIT MALARIATABLETTEN

Sir Toby wird **eine Andeutung über Mr Pommeroys unkeuschen Lebensstil** machen, dann unterstützt du Mr Pommeroy:

»Ich verbitte mir jegliche Kritik an Pommeroys Privatleben. Selbst wenn er tatsächlich eher dem eigenen Geschlecht zugeneigt ist – **mein Mann hat dies mehrfach angedeutet** – ... Mr Pommeroy ist ein Mann der Kultur!« **Du wendest dich jetzt an Mr Winterbottom und lobst ihn:** »Kultur ist so wichtig, da werden Sie mir beipflichten, oder, Mr Winterbottom? Was Sie als Vorsitzender des *Royal Charity Clubs* alles auf die Beine gestellt haben ... so beeindruckend!«

SPUR 3 / RESTE VON PFLANZENSAMEN

Mr Winterbottom wird einen **Zeitungsartikel über die K.-o.-Tropfen vorlesen.** Daraufhin wendest du dich an Admiral von Schneider und fragst frei heraus:

- »Knock-out-Blitztropfen? Gibt es so etwas wirklich? Admiral von Schneider: **Sie sind doch beim deutschen Geheimdienst,** wenn ich meinen Mann richtig verstanden habe ... Stimmt das?«
- Der Admiral wird alles abstreiten. Mr Pommeroy nimmt ihn eventuell auch in Schutz. Der Admiral hat jetzt Hunger, **du entschuldigst dich bei ihm**, du hast da wohl tatsächlich etwas falsch verstanden, **und fragst den Chief Inspector jetzt, ob du den nächsten Gang ankündigen darfst.**

ACHTUNG, INFOS NUR FÜR DICH:

Du bist wohlerzogen und diskret. Trotzdem rutscht dir manchmal etwas heraus, das du vielleicht nicht hättest sagen sollen. Aber du bist dir sicher: Einer echten Lady wird so etwas verziehen! Die Liebe zu Rodney war schon länger erloschen, und du spürst immer mehr die dich begehrenden Blicke von James. Gib James ruhig ein paar Signale, die ihn ins Schwitzen bringen. Berühre seine Hand etwas zu lange, oder wirf ihm einen neckischen Blick zu.
Dem Inspector gegenüber bist du alles andere als charmant. Dass er die Befragungen ausgerechnet an deinem 50. Geburtstag abhalten muss, ist eine Farce! Das lässt du den Inspector auch immer mal wieder spüren.

LIEBE MISS SOPHIE, die Sätze und Hinweise, auf die du reagieren musst, sind **ROT** gekennzeichnet. Reagiere in deiner Rolle, und achte darauf, alle Infos im Gespräch unterzubringen!

Der Inspector wird gleich mit der Befragung starten. Ein Gespräch entsteht, und ...

Admiral von Schneider wird irgendwann von einer kindischen Wette erzählen und allen einen Zettel von Sir Toby zeigen. **Der blaue Zettel ist dein Stichwort!**

»**Nun entfernen Sie doch bitte diesen kindischen Zettel mit dem Gewicht meines verstorbenen Mannes, lieber Admiral!** Wenn etwas ins Gewicht fällt, dann nur, wie ich mich für die Willkommensparty meines Mannes vorige Woche in Schale geworfen habe. Und das gesamte Haus habe ich neu dekoriert.«

Ab ca. 16:00 ging es los. **Zuerst kam Mr Winterbottom und ging mit deinem Mann in sein Labor.** Dann kam Sir Toby, danach kamen zusammen Mr Pommeroy und Admiral von Schneider. Die Männer haben den Lord im Herrenzimmer gewogen, wegen irgendeiner dämlichen Wette. **Dann hast du allen Gästen die neu dekorierten Räume gezeigt. Wobei immer einer der Herren kurz verschwunden war –** sehr unhöflich!

Dann fand im Licht der neuen Scheinwerfer die fantastische Jongliershow statt. Du hast vorne vor der Bühne neben Sir Toby gestanden, und daneben stand James. Irgendwann hat Pommeroy dich auf die Bühne geholt, um bei der Mango-Jonglage die Früchte zu halten. Du kannst aber nicht sagen, wie spät es da war, denn **du konntest die große Uhr hinten an der Wand nicht sehen: Die Scheinwerfer scheinen einem genau ins Gesicht.** Beende deine Ausführungen mit: **»Haha! Ich war blind wie ein Huhn!«**

DER INSPECTOR GEHT NUN DIE ERSTEN DREI BEWEISMITTEL MIT EUCH DURCH.

Scotland Yard Verdächtige	Alibi zur Todeszeit (17:45–18:10 Uhr)	Hat Lord Rodney zuletzt gesehen um	Mögliches Motiv	Möglicher Tathergang
MR WINTERBOTTOM				
SIR TOBY				
MR POMMEROY				
ADMIRAL VON SCHNEIDER				
JAMES				

James

SPIELRUNDE 2

DER ZWISCHENGANG
NORTH SEA HADDOCK & WHITE WINE

Bühne geholt wurde. Kurz danach **hast du dich gefragt, wo der Lord ist, da du ihn unter den Zuschauern nicht finden konntest.** Deshalb hast du den Wintergarten verlassen und den Lord **um 18:10 tot im Speisesaal vorgefunden. Beende deine Ausführungen auf jeden Fall mit: »Eine Tragödie!«**

DER INSPECTOR GEHT NUN DIE ERSTEN DREI BEWEISMITTEL MIT EUCH DURCH.

SPUR 1 / ZUGTICKET

- Es wird ein Bild von Deko-Hunden gezeigt. Diese Hunde musstest du immer abstauben, sonst fällt dir dazu nichts weiter ein.

SPUR 2 / TABLETTENRÖHRCHEN MIT MALARIATABLETTEN

Der Chief Inspector berichtet, dass das Tablettenröhrchen fast leer war. Piperton befragt dich als Ersten. Du reagierst:

- »Fast leer? OH NEIN. Lord Rodney sollte doch nur eine Tablette am Tag nehmen! **Es müssten eigentlich noch mindestens 4 Tabletten übrig sein!** Ich habe befürchtet, dass er während seiner Reise nicht genau dosieren würde. Dabei müssen die Malariatabletten während und nach so einer Reise genau dosiert eingenommen werden.«

Später wird **Mr Winterbottom vom Kulturprogramm des Clubs unter seinem Vorsitz schwärmen** und bemerken, dass seine Wahlschlappe gegen Lord Rodney **fair und demokratisch** war. Dazu bemerkst du vorsichtig:

- »Trotzdem gab es nach der Wahl Gerüchte, dass **die ein oder andere Stimme von Rodney eventuell gekauft gewesen sein soll. Sogar von einem Tresor war da die Rede,** in dem er über Jahre kompromittierendes Material eingelagert habe, über jeden, mit dem er in geschäftlichen Beziehungen stand. Absurd, oder?«

SPUR 3 / RESTE VON PFLANZENSAMEN

- Hierzu fällt dir nichts Besonderes ein.

ACHTUNG, INFOS NUR FÜR DICH:

Du bist hier zwar auch als Zeuge (vielleicht sogar als Verdächtiger?) anwesend, letztlich aber immer noch der Butler! Steh ab und zu auf, und bediene die Gäste. Miss Sophie bist du wie immer besonders zugetan. Ihr soll es am heutigen Tage an nichts mangeln. Schau Sophie gern mal etwas zu lange in die Augen, oder berühre ihre Schulter einen Moment zu lange.
Du hast bei der Welcome-back-Feier, bei der Lord Rodney starb, ein paar Entdeckungen gemacht, aber du bist zögerlich, diese preiszugeben.

LIEBER JAMES, die Sätze und Hinweise, auf die du reagieren musst, sind **ROT** gekennzeichnet. Reagiere in deiner Rolle, und achte darauf, alle Infos im Gespräch unterzubringen!

Der Inspector wird gleich mit der Befragung starten.

Mr Winterbottom wird sich ziemlich am Anfang der Befragung, auf Drängen von Sir Toby, plötzlich wieder erinnern, dass er gegen 17:10, nachdem er von der Whiskybar im großen Salon kam, noch einen Drink mit dem Lord genommen hat.
Sein plötzliches Erinnern lässt dich **sehr auffällig räuspern.** Dann entschuldigst du dich aber direkt wieder dafür.

Später wird **Admiral von Schneider euch allen einen blauen Zettel zeigen.** Wenn Sophie am Ende sagt, dass sie von der **Bühne aus gar nichts sehen konnte – blind wie ein Huhn – bist du an der Reihe:**
Du lachst über Miss Sophies Bemerkung. Du warst fast immer an ihrer Seite und hast die Gäste bedient. Kurz vor der Jongliershow bist du zwischen Herrenzimmer, Salon und dem Wintergarten hin und her gelaufen. Zuletzt lebendig gesehen hast du den Lord um **kurz vor 17:30 mit Sir Toby im Herrenzimmer.** Sir Toby ist dann zur Jongliershow gegangen. Lord Rodney wirkte angeschlagen. **Er hatte leichten Schweiß auf der Stirn.** Du hast ihm ein Glas Wasser gebracht und ihn an seine Malariatabletten erinnert. Er wollte zur Show nachkommen.

Zum Schluss sagst du, was du aus Gründen der Diskretion für dich behalten wolltest: »Ich bin mir nicht sicher, **ob Mr Winterbottom sich richtig erinnert hat** … So wie ich mich entsinne, **kam Mr Winterbottom nicht aus dem großen Salon, als er um 17:10 zu Sir Rodney ins Herrenzimmer ging, sondern aus dem Gang zum Labor.** Aber ich kann mich selbstverständlich auch irren.«

Du fährst fort: **Während der gesamten Jongliershow hast du im Publikum neben Sir Toby und Miss Sophie gestanden,** die dann um 18:00 von Pommeroy auf die

Scotland Yard Verdächtige	Alibi zur Todeszeit (17:45–18:10 Uhr)	Hat Lord Rodney zuletzt gesehen um	Mögliches Motiv	Möglicher Tathergang
MR WINTERBOTTOM				
SIR TOBY				
MR POMMEROY				
ADMIRAL VON SCHNEIDER				
MISS SOPHIE				

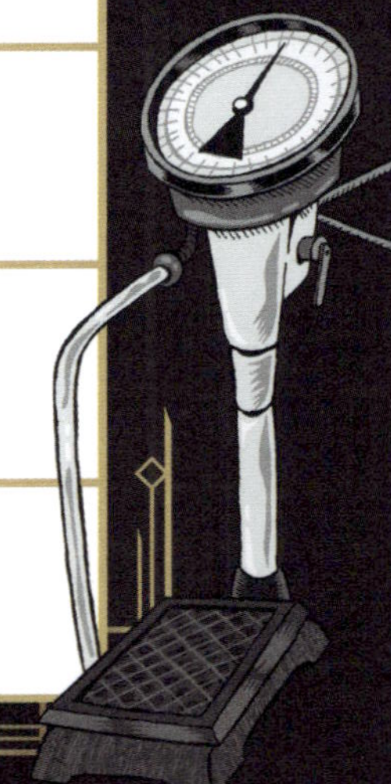

Chief Inspector Piperton

SPIELRUNDE 3

DER HAUPTGANG – CHICKEN ROAST FROM THE OVEN & CHAMPAGNE

SPUR 4 (S. AUSSENSEITE UND SPIELHEFT BEWEISMITTEL 2) / ZEITUNGSAUSSCHNITT *BUTLER GESUCHT?*

Du liest der Runde den Zeitungsausschnitt aus der *Times* vor und **fragst James, ob Lord Rodney mit ihm als Butler etwa nicht zufrieden gewesen ist.** Nachdem James geantwortet hat, von Miss Sophie in Schutz genommen wurde und Admiral von Schneider einen kurzen Toast ausgesprochen hat, kommst du zur nächsten Spur.

SPUR 5 / DIE VISITENKARTE …

… ist die einer Londoner Anwaltskanzlei mit handschriftlicher Notiz darauf. Lies der Gruppe die Visitenkarte vor, und **frage zuerst Miss Sophie,** ob es sich um die Handschrift ihres Mannes handelt. Wenn sie bejaht, fragst du in die Gruppe, ob jemand diese Kanzlei kennt. Nachdem Mr Winterbottom vermutet, nach einer Scheidung würde man dann auch zwei Butler brauchen, kommst du zur nächsten Spur.

SPUR 6 / DER SCHLÜSSEL …

… ist der Schlüssel zum Safe in der Privatbibliothek. Du fragst zuerst: **»Weiß jemand etwas über diesen Schlüssel?«**

Nachdem James und Miss Sophie etwas zum Schlüssel gesagt haben, erklärst du:

»Einem **anonymen Hinweis** folgend, hat Scotland Yard diesen Safe geöffnet und darin eine Vielzahl von belastenden Papieren zu verschiedenen Leuten gefunden.«

Scotland Yard hat ein **Beweisfoto des Safes** ins Heft Beweismittel 2 eingefügt. **Du zeigst das Foto herum und befragst dazu Mr Pommeroy und Admiral von Schneider:** Du stellst die Vermutung auf, dass es sich bei den **Buchstaben (Mr P und AvS) auf den leeren Banderolen um ihre Kürzel handelt.**

Nach ihrer Antwort sagst du, dass Scotland Yard Bankinformationen eingeholt hat und herausgekommen ist, dass beide dem Lord **monatlich sehr stattliche Summen überwiesen haben. Wie erklären die beiden diese Zahlungen?** Nach den Erklärungen von Mr Pommeroy und Admiral von Schneider sowie der Bemerkung von Mr Winterbottom schließt du die Befragungsrunde ab.

IHR HABT NUN EINE GANZE MENGE GEHÖRT!

Alle Gäste sollen nun die Tabellen auf den Rückseiten ihrer Spielhefte ausfüllen und folgende Fragen beantworten:

Wer ist der oder die Täter:in? ◆ Wie war der Tathergang? ◆ Was war das Motiv?

Während die Gäste damit beschäftigt sind, gehst du die nächste Spielakte durch: **Auswertung Befragungsrunden 1–3.**

LIEBER INSPECTOR PIPERTON,

bitte lies dir dieses Heft durch, und trenne dann die nachfolgenden Akten **Blutanalyse und Beweismittel 2** aus dem Buch! Du sollst die dort enthaltenen Ergebnisse gleich der versammelten Runde vorstellen.

Vorher startest du aber die Spielrunde 3, indem du erklärst:

Weil der Verstorbene so bedeutend war, hat Scotland Yard nicht nur den polizeiinternen Arzt das Blut des Verstorbenen untersuchen lassen, sondern auch zwei Koryphäen der sogenannten Forensik – einer neuen Abteilung der medizinischen Kriminaltechnik, die allerdings noch in den Kinderschuhen steckt. **Alle drei Fachleute sind jedoch zu sehr unterschiedlichen Ergebnissen gekommen.**

ZUERST LIEST DU DER RUNDE DEN BERICHT VON PROF. DR. CARROL VOR ...

... und bemerkst dazu: »Wenn Prof. Dr. Carrol recht hat, dann klingt es ja ein wenig so, als wolle man jemandem einen sehr schmerzhaften Denkzettel verpassen!

Professor Atkinson dagegen meint, Spuren von etwas ganz anderem im Blut nachgewiesen zu haben. Von was nur? Lassen Sie mich Ihnen das vortragen.«

DARAUFHIN LIEST DU DEN BERICHT VON PROFESSOR ATKINSON AUS OXFORD VOR.

ALS LETZTES STELLST DU DEN BERICHT VON SCOTLAND YARD VOR ...

»Dr. Hammersmith hat eine dritte Meinung zu den Blutergebnissen. Wie er selbst schreibt, **ist er sich nicht sicher, nennt aber Rizin.** Ein Zufall, dass genau eine Flasche mit Rizin aus dem Labor verschwunden zu sein scheint?«

- Nach dieser Information wird Mr Winterbottom ein kleines Geständnis ablegen und in der Gruppe eine Diskussion anregen.

Wenn Sir Toby abschließend sagt, er, James und Miss Sophie können Sir Rodney nichts irgendwohin zugesteckt haben, **fährst du fort mit der Betrachtung von Spur Nr. 4:**

»Kommen wir nun zurück zu den Spuren am Tatort ...«

ANWALTSKANZLEI

Dr. Geoffrey deQuit

TELEFON LONDON 36 5 78

5000 Pfund?
Niemals! Andere Lösung?

BUTLER GESUCHT?

Kein Problem! Jeeves Butlerservice ist Englands zuverlässigste Butlervermittlung. Machen Sie einen Termin bei uns, und wählen Sie aus einer riesigen Kartei! Jeeves Butlerservice! Gutes Personal ist eben doch zu haben.

BLUTANALYSE

SCOTLAND YARD

TOP SECRET

N LORD RODNEYS BLUT

2 ERGEBNIS LEICHENBESCHAU PROF. ATKINSON, UNIV. OF OXFORD

Sehr geehrte Ermittler von Scotland Yard,

im Blut des Lords befand sich ein wahrer Cocktail aus leider nicht mehr wirklich einzeln identifizierbaren Substanzen. Das meiste davon war meines Erachtens Alkohol! Ich hoffe, Sie erwarten nicht von mir, dass ich Ihnen sage, ob es sich um Whisky, Sherry oder Port handelt und welchen Jahrgangs die Getränke jeweils waren?! Das Einzige, was ich nachweislich im Blut gefunden habe, sind Spuren eines starken Opiats, glücklicherweise mein Spezialgebiet. Aber so was wie das hier habe ich bisher noch nicht gesehen.

Aber Sie glauben gar nicht, wie kompliziert diese Forensik ist. Ob daraus einmal irgendetwas vor Gericht taugen könnte, steht in den Sternen.

Ansonsten wünsche ich Ihnen viel Erfolg bei Ihren Ermittlungen.

Ihr Prof. Atkinson

PS: Sie fragten nach Zerberussamen: Nein! Bei einer Zerberusvergiftung hätte der Tote Schaum vor dem Mund gehabt!

3 DR. HAMMERSMITH

Dear Henry,

war leider etwas in Eile, habe aber nichts wirklich Auffälliges gefunden, außer vielleicht einen Hinweis auf Rizin oder Ähnliches? Höchstwahrscheinlich oral aufgenommen. (Wenn intravenös, dann sähe die Leiche bestimmt anders aus! Hahaha.)

PS: Sehen wir uns morgen beim Cricket?

ANALYSEN ZU SUBSTANZEN

1 ERGEBNIS POSTMORTALE BLUTANALYSE PROF. DR. CARROL UNIV. OF CAMBRIDGE

Dear Mr Piperton,

wie Sie sicherlich wissen, steckt die forensische Laboranalytik noch in den Kinderschuhen. Ich kann nur so viel sagen: Ich habe zum einen Spuren eines starken Reizgifts gefunden. Ich vermute, dass es sich um **Spanische Fliege** handelt. Diesem aus Käfern hergestellten Potenzmittel wird eine starke Reizung der Harnwege nachgesagt, welche zu einer massiven Erektion bis hin zu einer schmerzhaften Dauererektion führen kann. Aber: Die Dosierung muss genau sein, zu viel kann zu sehr üblen Schmerzen in den »unteren Körperregionen« führen. Autsch!

Zum anderen konnte ich **Spuren eines Malariamittels** im Blut des Toten feststellen. Da hätte der Lord grundsätzlich aufpassen müssen. Malariamittel können sich in Kombination mit z. B. Beruhigungsmitteln sehr schlecht auf die Gesundheit auswirken, mithin sogar mit tödlichen Folgen!

Muss jetzt zur Vorlesung in den Hörsaal, Cheerio!

BLUTANALYSE

SCOTLAND YARD

TOP SECRET

BEWEISMITTEL
2

SCOTLAND YARD

TOP SECRET

SPUR 6 /
DER SCHLÜSSEL ...

Dear Chief Inspector,

später ausführlicher, aber die Papiere enthalten belastendes Material über viele britische Tee-Importeure, über Mitglieder des örtlichen Charity Clubs und viele andere!

LG Sergeant Goodwise

SPUR 4 / ZEITUNGSAUSSCHNITT
BUTLER GESUCHT?

BUTLER GESUCHT?

Kein Problem! Jeeves Butlerservice ist Englands zuverlässigste Butlervermittlung. Machen Sie einen Termin bei uns, und wählen Sie aus einer riesigen Kartei! Jeeves Butlerservice! Gutes Personal ist eben doch zu haben.

SPUR 5 / DIE VISITENKARTE …

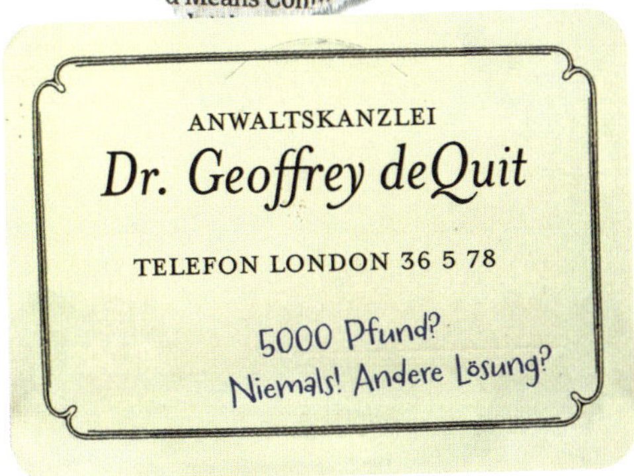

BEWEISMITTEL
2

SCOTLAND YARD

TOP SECRET

Mr Winterbottom

SPIELRUNDE 3

DER HAUPTGANG – CHICKEN ROAST
FROM THE OVEN & CHAMPAGNE

NACH DER DISKUSSION DES GESTÄNDNISSES UND WEITERER HINWEISE DER GRUPPE WIRD CHIEF INSPECTOR PIPERTON SICH MIT EUCH DEN SPUREN 4–6 ZUWENDEN.

SPUR 4 / ZEITUNGSAUSSCHNITT

Du hast zu diesem Hinweis nichts zu sagen. Wann immer es passt, schaust du reuig zu deinen Sitznachbarn und murmelst ihnen zu:

»Meint ihr, ich bin schuld?«, »... dass der Lord meinetwegen ...?« oder »Ich wollte ihm doch nur einen Denkzettel verpassen ...« oder »Rizin ... Rizinus, das hätte jeder verwechselt. Oder? Jeder!!«

SPUR 5 / VISITENKARTE

Die Visitenkarte stammt von einer Anwaltskanzlei. Wollte sich der Lord etwa scheiden lassen?

Nachdem Miss Sophie erzählt, wie unglücklich ihre Ehe in Wahrheit doch war, äußerst du folgende Überlegung:

»Wenn der Lord sich scheiden lassen wollte, dann hätte er einen neuen Butler gebraucht, was wiederum den Butlerservice erklären würde. James scheint nämlich, wie mir aufgefallen ist, mehr Miss Sophie als dem Lord zugeneigt.«

SPUR 6 / SCHLÜSSEL IN RECHTER HOSENTASCHE

Wenn Mr Pommeroy von einer verlorenen Wette mit Lord Rodney erzählt, weil der einen Kuss von einer jungen Lady – die auch allen bekannt sein soll – ergattern konnte, dann bemerkst du:

»Also, ich bin mir ganz sicher: So eine junge Lady **kenne ICH nicht!**«

Du schaust zu **Sir Toby** und fragst ihn ganz naiv:

»Kennen Sie so eine Lady, Sir Toby? Auch nicht, oder?«

LIEBER MR WINTERBOTTOM,

Chief Inspector Piperton wird diese Spielrunde eröffnen, indem er euch Analyseergebnisse von Lord Rodneys Blutuntersuchungen präsentiert.

ACHTUNG: Nachdem der Chief Inspector das dritte Analyseergebnis der Blutuntersuchung Lord Rodneys vorgelesen hat und noch einmal anmerkt, dass es ein großer Zufall sei, dass ausgerechnet ein Fläschchen Rizin im Labor vermisst werde, machst du folgendes Geständnis:

James hat recht: Du **kamst gegen 17:10 aus dem Labor,** hattest dir eines dieser Fläschchen »ausgeborgt« und dem Lord ein paar Tropfen des Inhalts in sein Whiskyglas getan – als Denkzettel für die manipulierte Wahl. **Du dachtest, es sei abführendes Rizinusöl. Um 17:45 hast du den Wintergarten verlassen.** Du hattest vermutet, dass Lord Rodney mittlerweile auf der Toilette sitzt und wolltest ihn verhöhnen. Aber da sahst du **Lord Rodney durch die Eingangshalle in den Speisesaal taumeln.** Du bist ihm gefolgt und hast gesehen, wie er auf dem Tigerfell zusammenbrach. Du hast Schuldgefühle bekommen, wolltest Lord Rodney helfen ... Da hast du gehört, wie sich jemand von der Halle aus näherte. Du hast dich kauernd unter dem Tisch versteckt und nur aus den Augenwinkeln gesehen, wie **eine Person sich zu Lord Rodney herunterbückte und ihm schnell etwas zusteckte.** Dann verschwand die unbekannte Person wieder in die Eingangshalle. Du hast dich über Lord Rodney gebeugt, aber der war eindeutig tot. Aus Angst, beschuldigt zu werden, hast du dich rasch entfernt und bist **durch den großen Salon zurück in den Wintergarten geschlichen, wo um 18:00 alle Gäste vollständig versammelt waren** und Miss Sophie gerade als Freiwillige auf der Bühne bei Mr Pommeroy stand.

Wenn einige der Anwesenden dir diese Geschichte nicht glauben wollen, zuckst du jeweils mit den Schultern und beteuerst, dass es die Wahrheit ist.

SPIELRUNDE 3

TRAGE AM ENDE DIESER VERHÖRRUNDE HIER DEINE VERMUTUNGEN EIN, UND ÜBERGIB DIE TABELLE AN CHIEF INSPECTOR PIPERTON.

TÄTER:IN :

TATHERGANG :

TATMOTIV :

Sir Toby

SPIELRUNDE 3

DER HAUPTGANG – CHICKEN ROAST
FROM THE OVEN & CHAMPAGNE

NACH DER DISKUSSION DES GESTÄNDNISSES UND WEITERER HINWEISE DER GRUPPE WIRD CHIEF INSPECTOR PIPERTON SICH MIT EUCH DEN SPUREN 4–6 ZUWENDEN.

SPUR 4 / ZEITUNGSAUSSCHNITT

Es handelt sich um eine Anzeige für eine Vermittlungsagentur für Butler. Dir fällt dazu nichts Besonderes ein. Wann immer es dazwischenpasst, merkst du an: »Apropos Butler. Ich möchte gern noch einmal nachgeschenkt bekommen!«

SPUR 5 / VISITENKARTE

Die Visitenkarte stammt aus einer Anwaltskanzlei. Wenn der Chief Inspector fragt, ob jemand diese Kanzlei kennt, sagst du:

»Der Lord hatte die Visitenkarte von mir! Dieser Anwalt hat mir damals bei meiner Scheidung geholfen. Nicht billig, aber sehr gut. Ich weiß allerdings nicht, warum der Lord solch einen Anwalt gesucht hat. Er meinte nur, er wolle etwas überprüfen.«

Wenn der Inspector einige Momente später fragt, ob du denn einen Grund wüsstest, warum er sich hätte scheiden lassen wollen, sagst du:

»Ich weiß es nicht. Vielleicht hat auch er, so wie ich, eine jüngere Frau kennengelernt. Was ich bei der immer noch bezaubernden Miss Sophie allerdings gar nicht verstehen kann!«

Du stößt mit den anderen an und sagst: »CHEERIO, Miss Sophie!«

SPUR 6 / SCHLÜSSEL IN RECHTER HOSENTASCHE

Auch davon weißt du nichts. Weil du langsam bereits ordentlich einen im Tee hast, stößt du zum Ende der Runde gleich noch einmal mit allen an. Diesmal auf den toten Lord Rodney! »CHEERIO, Lord Rodney!«

Wenn Mr Winterbottom fragt, ob du die liederliche Lady kennst, die der Lord zu einem Kuss überreden konnte, zuckst du nur mit den Schultern.

LIEBER SIR TOBY,

Chief Inspector Piperton wird diese Spielrunde eröffnen, indem er euch Analyseergebnisse von Lord Rodneys Blutuntersuchungen präsentiert.

ACHTUNG: Was niemand weiß: Als du zwischen 17:20 und 17:30 mit dem Lord ein Glas Sherry getrunken hast, hast du vorher eine genau abgezählte Menge Tropfen des Potenzmittels ***Spanische Fliege*** in den Drink getan (deshalb war es an jenem Abend ideal für dich, das exakte Gewicht des Lords zu erfahren, weshalb du auf einem zweiten Wiegen bestanden hast). Der Lord sollte nach dem Drink ordentliche Schmerzen »in der unteren Etage« haben – **als Denkzettel, weil du gehört hast, dass er deine Verlobte geküsst hat!** Mittlerweile ahnst du, dass da sogar noch mehr zwischen Margret und dem Lord gelaufen sein muss. Du möchtest aber auf keinen Fall in Verdacht geraten. Nicht, dass es nachher noch heißt, du hättest ihn vergiftet!

Versuche also, so gut wie möglich den Verdacht auf andere zu lenken!

Nachdem der Chief Inspector **drei völlig unterschiedliche Ergebnisse der Blutuntersuchung des Verstorbenen** vorgestellt hat, macht Mr Winterbottom ein **Geständnis**. Dabei spricht er auch von einem Mann, der dem vermutlich schon toten Lord Rodney etwas zugesteckt hat.

Wenn Miss Sophie und James sagen, das könne nur einer aus eurer Runde gewesen sein, bei einem Fremden hätten die Hunde angeschlagen, sagst du:

»Ich kann es aber nicht gewesen sein. Ich stand die ganze Zeit neben James und Miss Sophie, und nachdem diese dann auf die Bühne gebeten wurde, nur noch neben James. Wir beide waren auf jeden Fall die ganze Zeit zusammen!«

SPIELRUNDE 3

TRAGE AM ENDE DIESER VERHÖRRUNDE HIER DEINE VERMUTUNGEN EIN, UND ÜBERGIB DIE TABELLE AN CHIEF INSPECTOR PIPERTON.

TÄTER:IN :

TATHERGANG :

TATMOTIV :

Mr Pommeroy

SPIELRUNDE 3

DER HAUPTGANG – CHICKEN ROAST FROM THE OVEN & CHAMPAGNE

NACH DER DISKUSSION DES GESTÄNDNISSES UND WEITERER HINWEISE DER GRUPPE WIRD CHIEF INSPECTOR PIPERTON SICH MIT EUCH DEN SPUREN 4–6 ZUWENDEN.

SPUR 4 / ZEITUNGSAUSSCHNITT

Es handelt sich um eine Anzeige für eine Vermittlungsagentur für Butler.

Wenn James anmerkt, er hätte bei Lord Rodney viel gesehen, aber zu allem immer geschwiegen, sagst du: »Vielleicht hat der gute James aber auch das ein oder andere zu viel gesehen und war in allzu pikante Geheimnisse eingeweiht, und der Lord wollte ihn deshalb loswerden ...«

SPUR 5 / VISITENKARTE

Die Visitenkarte stammt aus einer Anwaltskanzlei. Wollte Lord Rodney sich etwa scheiden lassen?

SPUR 6 / SCHLÜSSEL IN RECHTER HOSENTASCHE

Der Schlüssel gehört zum Safe in der Privatbibliothek. Im Safe hat der Chief Inspector von Lord Rodney gesammeltes, belastendes Material über Geschäftskonkurrenten, Mitglieder des *Royal Charity Clubs* und viele andere gefunden.

Vorn im Safe lagen zwei leere Banderolen mit den Kürzeln Mr P und AvS, die er dir und dem Admiral zuordnet. Darauf entgegnest du:

»Die Banderolen sind ja offensichtlich leer. Dann hat Lord Rodney, wie es scheint, wohl nichts Belastendes über mich und den Admiral gefunden!«

Wenn der Chief Inspector nun berichtet, dass bei einer Befragung eurer Bankinstitute von **monatlichen Zahlungen an den Lord** in ungewöhnlicher Höhe die Rede war und der Admiral das mit Wettschulden erklärt, präzisierst du, dass **ihr unter anderem mit dem Lord gewettet hattet, dass er es nicht schaffen würde, von einer euch allen bekannten jungen Dame einen Kuss zu ergattern. Aber leider hat Lord Rodney die Wette gewonnen!**

LIEBER MR POMMEROY,

Chief Inspector Piperton wird diese Spielrunde eröffnen, indem er euch Analyseergebnisse von Lord Rodneys Blutuntersuchungen präsentiert.

ACHTUNG: Was niemand weiß: **Du hast Admiral von Schneider ein falsches Alibi gegeben.** Er war nicht von Anfang an im Publikum während deiner Jongliershow (stand also nicht zusammen mit Lord Rodney »in der rechten Ecke des Wintergartens, also von der Bühne aus links«). Wegen des Scheinwerferlichts kann man von der Bühne aus nämlich gar nichts erkennen, zumindest nichts im hinteren Teil des Raums. Stattdessen hat **zwischen 17:30 und 17:45 Admiral von Schneider dem Lord deutsche K.-o.-Blitztropfen verabreicht** (für die genaue Dosierung musstet ihr ihn wiegen!) und ihm den Safeschlüssel abgenommen, **um aus dem Safe die euch beide kompromittierenden Unterlagen zu entnehmen.** »Freunde« hin, »Freunde« her, Lord Rodney hatte euch beide erpresst – dich, weil du Männer bevorzugst, und den Admiral, weil er für die Deutschen spioniert hat!

Versuche nun, so gut wie möglich den Verdacht auf andere zu lenken!

Nachdem der Chief Inspector drei völlig unterschiedliche Ergebnisse der Blutuntersuchung vorgestellt hat, macht Mr Winterbottom ein **Geständnis**. Du sagst darauf:

»Und das sollen wir nun glauben?«

Betone auch, dass er **vorhin noch etwas ganz anderes erzählt hat.** Mr Winterbottom sollte doch selbst wissen: Wer einmal lügt, dem glaubt man nicht!

Admiral von Schneider wird dich unterstützen.

SPIELRUNDE 3

TRAGE AM ENDE DIESER VERHÖRRUNDE HIER DEINE VERMUTUNGEN EIN, UND ÜBERGIB DIE TABELLE AN CHIEF INSPECTOR PIPERTON.

TÄTER:IN :

TATHERGANG :

TATMOTIV :

Admiral von Schneider

SPIELRUNDE 3

DER HAUPTGANG – CHICKEN ROAST
FROM THE OVEN & CHAMPAGNE

Und was soll das bitte auch für ein Mann gewesen sein, den Mr Winterbottom da gesehen hat? Ein Einbrecher? **Betone, dass Mr Winterbottom sicher nur von sich ablenken will.**

NACH DER DISKUSSION DES GESTÄNDNISSES UND WEITERER HINWEISE DER GRUPPE WIRD CHIEF INSPECTOR PIPERTON SICH MIT EUCH DEN SPUREN 4–6 ZUWENDEN.

SPUR 4 / ZEITUNGSAUSSCHNITT

Es handelt sich um eine Anzeige für eine Vermittlungsagentur für Butler.

Wenn Miss Sophie James in Schutz nimmt und betont, dass er jedes Geheimnis für sich behält, erhebst du dein Glas und sagst:

»Einen Toast auf James! Den Hüter der Geheimnisse dieses Hauses. SKOL!«

SPUR 5 / VISITENKARTE

Die Visitenkarte stammt aus einer Anwaltskanzlei. Wollte Lord Rodney sich etwa scheiden lassen?

SPUR 6 / SCHLÜSSEL IN RECHTER HOSENTASCHE

Der Schlüssel gehört zum Safe in der Privatbibliothek. Du kennst ihn ja. Im Safe hat der Chief Inspector von Lord Rodney gesammeltes, belastendes Material über Geschäftskonkurrenten, Mitglieder des *Royal Charity Clubs* und viele andere gefunden. Vorn im Safe lagen zwei leere Banderolen mit den Kürzeln Mr P und AvS, die er dir und dem Admiral zuordnet.

Nachdem Mr Pommeroy angemerkt hat, dass der Lord dann ja wohl nichts Belastendes über euch gefunden hat, unterstützt du ihn und sagst:

»Es gibt ja auch nichts Belastendes über uns!«

Wenn der Inspector nun berichtet, dass bei einer Befragung eurer Bankinstitute von **monatlichen Zahlungen** an den Lord in ungewöhnlicher Höhe die Rede war, **erklärst du das mit Wettschulden.** Die können auch schon mal höher ausfallen. Unter Gentlemen ist es üblich, dass man sie auch in Raten zahlt.

LIEBER ADMIRAL VON SCHNEIDER,

Chief Inspector Piperton wird diese Spielrunde eröffnen, indem er euch Analyseergebnisse von Lord Rodneys Blutuntersuchungen präsentiert.

ACHTUNG: Was niemand weiß: **Mr Pommeroy hat dir ein falsches Alibi gegeben.** Du warst nicht von Anfang an im Publikum bei seiner Jongliershow (du standest also nicht zusammen mit Lord Rodney **»in der rechten Ecke des Wintergartens,** also von der Bühne aus links«). Wegen des Scheinwerferlichts kann man von der Bühne aus nämlich gar nichts erkennen, zumindest nichts im hinteren Teil des Raums. Stattdessen hast du **zwischen 17:30 und 17:45 dem Lord deutsche K.-o.-Blitztropfen verabreicht** (für die genaue Dosierung musstet ihr ihn wiegen!) und **ihm den Safeschlüssel abgenommen, um dem Safe in der Privatbibliothek die kompromittierenden Unterlagen über Mr Pommeroy und dich zu entnehmen.** »Freunde« hin, »Freunde« her, Lord Rodney hatte euch beide erpresst – Mr Pommeroy, weil er Männer bevorzugt, und dich, weil du für die Deutschen spioniert hast!

Das Problem: **Als du die Bibliothek wieder verlassen hast und in das Herrenzimmer zurückgekehrt bist, war der Lord nicht mehr da!** Du hast ihn dann im Speisesaal auf dem Tigerfell liegend gefunden, ihm schnell den **Tresorschlüssel in die Hosentasche gesteckt** und bist rasch in den Wintergarten gegangen, um dir von weiter hinten den Rest der Show anzusehen.

Versuche in dieser Runde so gut wie möglich, den Verdacht auf andere zu lenken!

Nachdem der Chief Inspector drei völlig unterschiedliche Ergebnisse der Blutuntersuchung des Verstorbenen vorgestellt hat, macht Mr Winterbottom ein **Geständnis**.

Mr Pommeroy glaubt ihm nicht. Du unterstützt Mr Pommeroy vehement und sagst zu Mr Winterbottom: »Du hast also dem armen Lord dieses Zeugs in den Drink gemischt, und wahrscheinlich ist er daran elendig krepiert!«

SPIELRUNDE 3

TRAGE AM ENDE DIESER VERHÖRRUNDE HIER DEINE VERMUTUNGEN EIN, UND ÜBERGIB DIE TABELLE AN CHIEF INSPECTOR PIPERTON.

TÄTER:IN :

TATHERGANG :

TATMOTIV :

Miss Sophie

SPIELRUNDE 3

DER HAUPTGANG – CHICKEN ROAST
FROM THE OVEN & CHAMPAGNE

NACH DER DISKUSSION DES GESTÄNDNISSES UND WEITERER HINWEISE DER GRUPPE WIRD CHIEF INSPECTOR PIPERTON SICH MIT EUCH DEN SPUREN 4–6 ZUWENDEN.

SPUR 4 / ZEITUNGSAUSSCHNITT

Es handelt sich um eine Anzeige für eine Vermittlungsagentur für Butler.

Wenn Mr Pommeroy die Vermutung aufstellt, dass James vielleicht das ein oder andere Geheimnis des Lords zu viel kannte, nimmst du James in Schutz:

»James war immer die gute Seele des Hauses!«

Auf ihn lässt du nichts kommen! Gerade wenn der Lord auf Reisen war, bot James immer eine Schulter, an die du dich anlehnen konntest, und war jemand, der jedes noch so große Geheimnis für sich behalten konnte!

SPUR 5 / VISITENKARTE

Die Visitenkarte stammt von einer Anwaltskanzlei. Es befindet sich eine handschriftliche Notiz darauf.

Wenn der Chief Inspector dich fragt, ob es sich um die Handschrift deines Mannes handelt, bestätigst du diesen Verdacht!

SPUR 6 / SCHLÜSSEL IN RECHTER HOSENTASCHE

Der Schlüssel gehört zum Safe in der Privatbibliothek, die sich hinter dem Herrenzimmer befindet.

Wenn James sagt, wie wichtig dem Lord der Schlüssel war, bestätigst du:

»Ja, das ist wahr. Ich weiß nicht, was sich im Tresor befindet, aber es müssen unglaublich wichtige Dokumente sein, so, wie mein Gatte sich mit dem Schlüssel immer angestellt hat! Ausnahmslos alle mussten den Raum verlassen, wenn er an den Tresor ging!«

LIEBE MISS SOPHIE,

Chief Inspector Piperton wird diese Spielrunde eröffnen, indem er euch Analyseergebnisse von Lord Rodneys Blutuntersuchungen präsentiert.

ACHTUNG: Was du bisher verborgen hast: **Lord Rodney war kein guter Mensch.** Er hatte nicht nur die Wahlen im *Royal Charity Club* gekauft und erpresste unterschiedliche Leute, sondern war obendrein ein Schürzenjäger! Du hast in dieser Ehe sehr gelitten. Es ist also nicht so, dass du ihm allzu große Tränen nachweinst. Du hattest außerdem in letzter Zeit das Gefühl, dass er dich loswerden wollte. Vielleicht war ja doch etwas dran an dem **Gerücht, er habe eine jüngere Freundin.**

Damit man am Ende nicht noch dich verdächtigt, den Alten vergiftet und umgebracht zu haben, gibst du dir Mühe, den Verdacht auf die anderen zu lenken!

Nachdem der Chief Inspector drei völlig unterschiedliche Ergebnisse der Blutuntersuchung des Verstorbenen vorgestellt hat, macht Mr Winterbottom ein **Geständnis**. Mr Pommeroy und Admiral von Schneider werden sich gegen ihn wenden und ihm nicht glauben.

Wenn Admiral von Schneider fragt, welchen Mann Mr Winterbottom denn gesehen haben will, etwa einen Einbrecher, versicherst du:

»Das ist lächerlich, Einbrecher können nicht ins Haus!«

Du bist dir da absolut sicher. **Wären Fremde ins Haus gekommen, hätte einer der Hunde angeschlagen!**

SPIELRUNDE 3

TRAGE AM ENDE DIESER VERHÖRRUNDE HIER DEINE VERMUTUNGEN EIN, UND ÜBERGIB DIE TABELLE AN CHIEF INSPECTOR PIPERTON.

TÄTER:IN :

TATHERGANG :

TATMOTIV :

James

SPIELRUNDE 3

DER HAUPTGANG – CHICKEN ROAST
FROM THE OVEN & CHAMPAGNE

NACH DER DISKUSSION DES GESTÄNDNISSES UND WEITERER HINWEISE DER GRUPPE WIRD CHIEF INSPECTOR PIPERTON SICH MIT EUCH DEN SPUREN 4–6 ZUWENDEN.

SPUR 4 / ZEITUNGSAUSSCHNITT

Es handelt sich um eine Anzeige für eine Vermittlungsagentur für Butler.

Wenn dich der Chief Inspector fragt, ob Lord Rodney unzufrieden mit deiner Arbeit war, sagst du: »Ich kann mich nicht entsinnen, dem Lord einen Anlass gegeben zu haben, mich zu ersetzen. Ich war stets loyal, habe zwar vieles gesehen, aber dazu immer geschwiegen!«

SPUR 5 / VISITENKARTE

Es handelt sich um die Visitenkarte eines Anwalts, der Experte für Scheidungen ist.

Wenn Mr Winterbottom schlussfolgert, dass im Fall einer Scheidung ein weiterer Butler gebraucht würde, bestätigst du, dass du das ähnlich siehst: »Selbst der beste Butler kann nie und nimmer an zwei Orten gleichzeitig sein!«

Wenn Mr Winterbottom vermutet, dass du Miss Sophie mehr zugetan warst als dem Lord, blickst du kurz »ertappt« zu Boden, sagst dann aber ganz professionell: »Das ist absurd.«

SPUR 6 / SCHLÜSSEL IN RECHTER HOSENTASCHE

Wenn der Chief Inspector fragt, ob jemand etwas über diesen Schlüssel weiß, sagst du der Gruppe:

»Es handelt sich um den Schlüssel für den großen Safe in der Privatbibliothek, die nur vom Herrenzimmer aus zugänglich ist.«

Betone auch, dass du höchst verwundert bist! Diesen Schlüssel hatte der Lord immer in der Innentasche seines Jacketts! Er war ihm hoch und heilig. Der Inhalt des Safes war für den Lord sehr, sehr wichtig! Du würdest dich nicht wundern, wenn sich Scotland Yard den Inhalt einmal genau ansehen würde.

LIEBER JAMES,

Chief Inspector Piperton wird diese Spielrunde eröffnen, indem er euch Analyseergebnisse von Lord Rodneys Blutuntersuchungen präsentiert.

ACHTUNG: Was du bisher verborgen hast: **Du weißt, dass Lord Rodneys Safe in der Privatbibliothek tatsächlich bis oben hin voll ist mit kompromittierendem Material, mit dem er Leute erpresst hat.** Entweder ließ er sie Geld zahlen, oder sie mussten ihm einen Gefallen tun. Den Inhalt des Safes hast du vor einem halben Jahr mit eigenen Augen gesehen – Lord Rodney hatte ihn geöffnet, als du benutzte Whiskygläser aus der Bibliothek holen wolltest, die der Lord oftmals auf dem Safe stehen ließ –, **die Papiere darin sind alle gerollt und mit einer beschrifteten Banderole umfasst.** Dabei hast du die Namenskürzel einiger Wahlberechtigter des *Royal Charity Clubs* erkannt und ebenso die Kürzel zweier heutiger Gäste. Du bist dir nicht sicher, ob Lord Rodney dich beim Inspizieren des Safes gesehen hat.

Mit einem anonymen Schreiben hast du den Chief Inspector auf den eventuell für den Fall wichtigen Inhalt des Tresors aufmerksam gemacht!

Nachdem der Chief Inspector drei völlig unterschiedliche Ergebnisse der Blutuntersuchung des Verstorbenen vorgestellt hat, macht Mr Winterbottom ein **Geständnis**. Dabei spricht er auch von einem Mann, der dem vermutlich schon toten Lord Rodney etwas zugesteckt haben soll.

Wenn Miss Sophie meint, dabei könne es sich nicht um einen Einbrecher gehandelt haben, die Hunde hätten sonst angeschlagen, bestätigst du ihre Aussage:

»Ja, das stimmt. An den Hunden kommt kein Fremder vorbei!«

Betone, dass der »Mann«, den Mr Winterbottom gesehen haben will – wenn es ihn denn überhaupt gibt – also **ein Gentleman aus dieser Runde gewesen sein muss!**

SPIELRUNDE 3

TRAGE AM ENDE DIESER VERHÖRRUNDE HIER DEINE VERMUTUNGEN EIN, UND ÜBERGIB DIE TABELLE AN CHIEF INSPECTOR PIPERTON.

TÄTER:IN :

TATHERGANG :

TATMOTIV :

AUSWERTUNG

BEFRAGUNGSRUNDEN 1–3

SCOTLAND YARD

TOP SECRET

2. DER TATHERGANG

Die »Tat«, wenn man das mal so nennen will, ist von sehr komplexer Natur und muss in verschiedene Schritte eingeteilt werden:

Zwischen 17:10 und 17:20 bekommt Lord Rodney einen von Mr Winterbottom mit Rizintropfen versetzten Whisky, was ihn trotz des Rizins auf keinen Fall tötet, aber gewiss Spuren und ein erstes Unwohlsein hinterlässt. Zwischen 17:20 und 17:30 trinkt der Lord einen von Sir Toby mit *Spanischer Fliege* versetzten Sherry. Indizienbeweise: Das zweite Wiegen und die handschriftliche Berechnung der Tropfenmenge, Gewicht Lord Rodneys geteilt durch 8. Diese Dosis ist für sich allein ungefährlich, könnte zusammen mit dem Rizin allerdings dem Körper des Lords schon schwer zugesetzt haben. Zwischen 17:30 und 17:45 erfolgt schließlich »das Finale«: Admiral von Schneider nimmt im Herrenzimmer ein weiteres alkoholisches Getränk mit dem Lord zu sich. Er kippt heimlich deutsche K.-o.-Blitztropfen in den Drink des Lords. Anschließend entwendet er dem außer Gefecht gesetzten Lord den Safeschlüssel und entnimmt dem Safe die belastenden Unterlagen über sich und Mr Pommeroy. Admiral von Schneider und Mr Pommeroy haben diesen Schachzug gemeinsam geplant. Als der Admiral ins Herrenzimmer zurückkehrt, ist der Lord allerdings verschwunden. Der Admiral findet ihn im Speisesaal, steckt ihm schnell den Schlüssel in die Hosentasche und – sagen wir mal – »hofft«, dass der Lord gleich wieder zu sich kommt und sich wie geplant an nichts mehr erinnert. Beweise: Die beiden Banderolen im Safe, das falsche Alibi, die Zeugenaussage von Mr Winterbottom zum Mann im Speisesaal und: **ein erst jetzt identifizierter Fingerabdruck des Admirals** an der Tür des Safes (siehe Rückseite dieser Akte).

3. DER TÄTER ODER DIE TÄTERIN

Du bist dir nicht sicher, ob man in diesem Fall von einem Täter sprechen kann. Wenn überhaupt, dann von **Tätern** und einem – so, wie es jetzt scheint – **unabsichtlichen, unglücklich tragischen Gemeinschaftswerk.** War es eines der Mittel allein, das zum Tod geführt hat? War es eine Kombination dieser Mittel? Welche Rolle spielte das Malariamedikament? Oder war am Ende der viele zusätzliche Alkohol der Grund für das Ableben des Lords? Selbst eine nicht entdeckte, aus Indien eingeschleppte Krankheit könnte dem Lord zum Verhängnis geworden sein ...

FAZIT: Scotland Yard tendiert in solchen Fällen dazu, die Angelegenheit zu einem tragischen Unfall zu erklären. Wenn du nicht gerade noch ein paar neue Hinweise erhalten hättest, die es zu prüfen gilt!

Bitte die Mitspielenden deshalb, mit dir zusammen ihre Spielakte 4 dem Buch zu entnehmen (und aufzuschneiden).

Deine Akte heißt: **Neue Erkenntnisse von Scotland Yard.**

LIEBER CHIEF INSPECTOR PIPERTON,

du kannst die Vermutungen der Gäste nun der Reihe nach präsentieren. Anschließend könnt ihr eure Ergebnisse mit den tatsächlichen Geschehnissen abgleichen:

DIE AUFLÖSUNG IN KURZFORM: Lord Rodney wurde (höchstwahrscheinlich) durch einen zufälligen (!) Überdosis-Mix aus Medikamenten getötet, denn:
Zwei Gäste wollten ihm einen Denkzettel verpassen.
Zwei weitere Gäste setzten ihn kurzzeitig außer Gefecht.
Welche Medikament-/Gift-Kombination den Ausschlag gegeben hat, ist dabei unklar. Womöglich war es am Ende eine Überdosis Malariatabletten, die etwa zusammen mit den neuartigen K.-o.-Blitztropfen eine tödliche Wirkung entfaltet haben könnte. **Insgesamt hätte es aber einer höheren Dosis eines jeden Medikaments bedurft**, das Lord Rodney verabreicht worden war. So könnte am Ende sogar der viele Alkohol für den Tod des Lords ausschlaggebend gewesen sein, der als eine Art Beschleuniger gewirkt hat. Ebenso ist es möglich, dass der Lord sich in Indien irgendetwas eingefangen hat, was allein oder ebenfalls in Kombination mit Giften/Medikamenten zu seinem Tod führte. **Und so sind die Chancen, dass Lord Rodney letztlich eines »natürlichen« Todes gestorben ist, mindestens ebenso hoch wie die, dass er vergiftet wurde.** Wie gesagt: Leider steckt die Forensik hier noch in den Kinderschuhen!

1. DAS TATMOTIV; ODER BESSER: DIE TATMOTIVE!

Miss Sophie: Rache! Ihr Mann ging fremd, hatte zuletzt eine Affäre mit Sir Tobys Verlobter. Aber zur Tatzeit hat sie ein Alibi, das von Sir Toby, James und Mr Pommeroy unterstützt wird.

Sir Toby: Rache! Lord Rodney hatte eine Affäre mit seiner Verlobten Margret. Auch er hat zur Tatzeit ein Alibi.

Mr Winterbottom: Er wollte dem Lord einen Denkzettel verpassen wegen der manipulierten Wahl und hat fälschlicherweise Rizin verwendet. Oral aufgenommen, ist es tropfenweise jedoch nicht tödlich. Hat sich zum Todeszeitpunkt nach eigener Aussage durchs Haus bewegt.

James: Rache? Wollte Lord Rodney ihn ersetzen, weil James zu viel wusste, z. B. über den Inhalt des Safes? Oder war James doch ein wenig zu freundlich zu Miss Sophie? Er hat ebenfalls ein Alibi zur Tatzeit.

Mr Pommeroy: Wurde er von Lord Rodney erpresst und musste ihm viel Geld zahlen, damit seine sexuelle Neigung geheim bleibt? Aber er hat das beste Alibi von allen!

Admiral von Schneider: Ist er ein deutscher Spion und wurde ebenfalls vom durchtriebenen Lord erpresst? Sein Alibi zur Tatzeit wird lediglich von Mr Pommeroy gestützt. Er behauptet, ihn und den Lord »hinten im Raum« gesehen zu haben. Wie Miss Sophie berichtet hat, kann man aufgrund des blendenden Scheinwerferlichts aber nicht ins Publikum sehen!

FAZIT: Jeder der Anwesenden hatte ein Motiv! Mr Pommeroy hat Admiral von Schneider ein falsches Alibi gegeben! Mr Winterbottom und Admiral von Schneider haben im vermuteten Tatzeitraum kein Alibi.

AUSWERTUNG

BEFRAGUNGSRUNDEN 1–3

SCOTLAND YARD

TOP SECRET

NEUE ERKENNTNISSE

SCOTLAND YARD

TOP SECRET

EILT!

NUR FÜR
CHIEF INSPECTOR
PIPERTON

ALTERNATIVES ENDE

Dieses Ende ist ein wenig schwärzer, aber vielleicht auch ein bisschen gerechter. Wenn ihr ein etwas morbideres Ende wählen wollt, sagst du als Inspector der Gruppe:

»Einen Hinweis bin ich der Lady und den Gentlemen noch schuldig. Sie erinnern sich vielleicht noch an die **Spur Nummer 3, die Reste von Pflanzensamen?** Die sogenannten Zerberussamen! Ich gehe davon aus, dass Lord Rodney folgenden finsteren Plan verfolgt hat: Der Lord wollte sich von Miss Sophie scheiden lassen. Der Grund: Höchstwahrscheinlich die Liaison mit Sir Tobys Verlobter. So etwas kann bei betagten Männern dazu führen, dass sie sich plötzlich wieder ganz jung wähnen. Aber dann stellte der Lord fest, wie viel Geld ihn eine Scheidung kosten würde. Ein neuer Plan musste her! Die Indienreise kam ihm dabei sehr gelegen. Dort sind die Zerberussamen als tödliches Gift sehr geläufig! Das einzige Problem für Scotland Yard war bislang jedoch, dass weder Speisen noch Getränke auffindbar waren, die mit dem Gift versetzt worden wären. Dies änderte sich vor etwa einer Stunde! **Extrakte der Samen konnten im Scotch nachgewiesen werden, der im Regal nebenan im kleinen Salon stand, wo Miss Sophie auch ihre Liköre aufbewahrt.«**

Du hoffst nur, dass keiner der Anwesenden davon getrunken hat! Denn den nächsten Geburtstag von Miss Sophie würden sie dann nicht mehr erleben. Der eintretende Tod wäre selbstverständlich nicht als Giftmord nachweisbar ...

PLOT TWIST: ENDE SPIELRUNDE 4
SCOTLAND YARD HAT EINE NEUE SPUR GEFUNDEN: DIE WAAGE WAR MANIPULIERT!

LIEBER CHIEF INSPECTOR PIPERTON,

erzähle den Anwesenden, dass die **Waage im Herrenzimmer falsch eingestellt** ist. Sie zeigt deutlich mehr Pfunde an, als die Person wirklich wiegt! Erkundige dich, ob der Gruppe (und Lord Rodney) das bekannt war. Frage zuerst Mr Pommeroy, Admiral von Schneider, Sir Toby, Mr Winterbottom und dann erst Miss Sophie!

Wenn Miss Sophie und James zugegeben haben, an der Manipulation der Waage beteiligt gewesen zu sein, ziehst du ein **Resümee des Falls:**

Du findest, dass sich die Zufälle mittlerweile stark häufen, die am Ende zum Ableben des Lords geführt haben! Dreimal wurden dem Lord fragwürdige Substanzen eingeflößt. Einzeln alles nachvollziehbar und einzeln alles immer noch irgendwie am Rande der Legalität. In Summe aber tödlich?! Und jetzt noch so ein wirklich blöder Zufall. Auch die Waage wird gleich zweimal verstellt, und die durch das falsch bestimmte Gewicht erhöhte Dosis rafft den Lord dann eventuell final dahin! **Möglich war das alles nur, weil keiner von den Plänen des anderen wusste!**

Was aber, wenn es ganz anders war und man annähme, dass alle Beteiligten von den Taten der anderen wussten? **Handelt es sich um ein morbides und unüberschaubares Gemeinschaftswerk, um Scotland Yard zu täuschen?** Das wäre ein – zugegebenermaßen – teuflisch gut durchdachter Plan, der im Ganzen tödliche Konsequenzen für den Lord hatte, jeden Mitwirkenden aber unschuldig aussehen und weiterhin in Freiheit herumlaufen ließe! Schließlich kann niemand so richtig das Gegenteil beweisen!

Davor würde ein Chief Inspector wie du allerdings seinen Hut ziehen und sich geschlagen geben! Chapeau für den Beweis, dass DAS PERFEKTE VERBRECHEN möglich ist!

DAMIT IST DAS KRIMI-DINNER BEENDET! ES SEI DENN, IHR WÄHLT GEMEINSAM DAS ALTERNATIVE ENDE AUF DER RECHTEN SEITE.

NEUE ERKENNTNISSE

SCOTLAND YARD

TOP SECRET

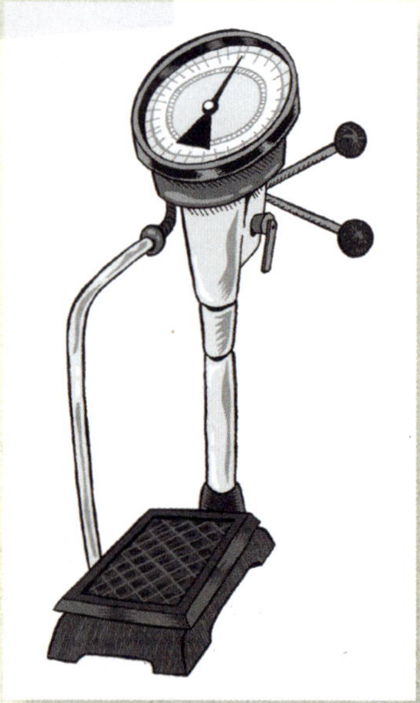

Dear Chief Inspector,

die Waage wurde manipuliert! Sie zeigt deutlich mehr Pfunde an, als die Person wirklich wiegt.

Miss Sophie

SPIELRUNDE 4

DAS DESSERT –
FRUIT DESSERT & PORT WINE

James

SPIELRUNDE 4

DAS DESSERT –
FRUIT DESSERT & PORT WINE

Wenn der Inspector fragt, ob die Runde davon wusste, dass die Waage deutlich mehr Gewicht anzeigt, als sie sollte, und Sir Toby, Mr Pommeroy, Admiral von Schneider und Mr Winterbottom allesamt bereits verneint haben, **gestehst du schuldbewusst:**

»Ich habe vor der Rückkehr meines Gatten aus Indien die Waage manipuliert. Es gibt hinten ein Rad, an dem man drehen kann. Ich wollte ihm eins auswischen. Er sollte sich so richtig fett fühlen und unattraktiv. Ich habe gehofft, dass er sich als dicker, schwerer alter Brocken vielleicht nicht mehr an die jungen Dinger ranmacht ...«

Erst wenn Miss Sophie zugibt, dass sie die Waage manipuliert hat, platzt es aus dir heraus:

»OH NEIN! Sie haben die Waage ebenfalls manipuliert, Miss Sophie?! Man kann das Gehäuse öffnen und den Zeiger beschweren ... Der Lord hatte vor seiner Abreise mehrfach bemerkt, ich würde zu fettiges Essen auftischen. Er wollte doch abnehmen, und ich stünde ihm dabei im Weg. Ich wollte dem Lord zeigen, dass die Inder noch viel fetteres Essen auftischen als ich und dass er während seiner Reise zugenommen hat ...«

NEUE ERKENNTNISSE VON SCOTLAND YARD:

Der Chief Inspector teilt der Runde mit, dass die **Waage im Herrenzimmer manipuliert** war! Sie hat beim Wiegen des Lords ein viel höheres Gewicht angezeigt.

Dieser Umstand hatte natürlich auch einen Effekt auf die womöglich tödliche Vergiftung des Lords, weil die **Dosis der auf Grundlage des Gewichts bestimmten Tropfen**, die der Lord von Mr Winterbottom, Sir Toby und Admiral von Schneider verabreicht bekommen hat, **viel höher ausgefallen ist.**

NEUE ERKENNTNISSE VON SCOTLAND YARD:

Der Chief Inspector teilt der Runde mit, dass die **Waage im Herrenzimmer manipuliert** war! Sie hat beim Wiegen des Lords ein viel höheres Gewicht angezeigt.

Dieser Umstand hatte natürlich auch einen Effekt auf die womöglich tödliche Vergiftung des Lords, weil die **Dosis der auf Grundlage des Gewichts bestimmten Tropfen**, die der Lord von Mr Winterbottom, Sir Toby und Admiral von Schneider verabreicht bekommen hat, **viel höher ausgefallen ist.**

Miss Sophie

SPIELRUNDE 4

DAS DESSERT –
FRUIT DESSERT & PORT WINE

James

SPIELRUNDE 4

DAS DESSERT –
FRUIT DESSERT & PORT WINE

Mr Pommeroy

SPIELRUNDE 4

DAS DESSERT –
FRUIT DESSERT & PORT WINE

Admiral von Schneider

SPIELRUNDE 4

DAS DESSERT –
FRUIT DESSERT & PORT WINE

Wird der Inspector euch glauben, dass Lord Rodneys Tod nur ein tragischer Unglücksfall war und ihr keine andere Wahl hattet, als ihn mit ein paar K.-o.-Tropfen kurzzeitig außer Gefecht zu setzen, um das Erpressen zu beenden?

Oder könnte er am Ende behaupten, dass ihr alle unter einer Decke steckt und jeder bei der »Tat« nur ein kleines bisschen mitgeholfen hat, ganz am Rande der Legalität, vielleicht schon mit einer Zehenlänge darüber hinaus?

Egal; für die letzte Runde habt ihr euch gerade zu viert – der Admiral, Sir Toby, Mr Winterbottom und du – Mut angetrunken. Mit einem Glas **Scotch, den ihr nebenan im kleinen Salon gefunden habt, in einem Regal mit Likören.** Alle haben das Glas wunderbar auf ex ausgetrunken, nur du hast den Scotch fast komplett verschüttet und alle haben dich ausgelacht …

Wird der Inspector euch glauben, dass Lord Rodneys Tod nur ein tragischer Unglücksfall war und ihr keine andere Wahl hattet, als ihn mit ein paar K.-o.-Tropfen kurzzeitig außer Gefecht zu setzen, um das Erpressen zu beenden?

Oder könnte er am Ende behaupten, dass ihr alle unter einer Decke steckt und jeder bei der »Tat« nur ein kleines bisschen mitgeholfen hat, ganz am Rande der Legalität, vielleicht schon mit einer Zehenlänge darüber hinaus?

Egal; für die letzte Runde habt ihr euch gerade zu viert – Sir Toby, Mr Winterbottom, Mr Pommeroy und du – Mut angetrunken. Mit einem Glas **Scotch, den ihr nebenan im kleinen Salon gefunden habt, in einem Regal mit Likören.** Alle haben das Glas wunderbar auf ex ausgetrunken, nur Mr Pommeroy hat den Scotch fast komplett verschüttet und wurde von allen ausgelacht …

NEUE ERKENNTNISSE VON SCOTLAND YARD:

Der Chief Inspector teilt der Runde mit, dass die **Waage im Herrenzimmer manipuliert** war! Sie hat beim Wiegen des Lords ein viel höheres Gewicht angezeigt.

Dieser Umstand hatte natürlich auch einen Effekt auf die womöglich tödliche Vergiftung des Lords, weil die **Dosis der auf Grundlage des Gewichts bestimmten Tropfen**, die der Lord von Mr Winterbottom, Sir Toby und Admiral von Schneider verabreicht bekommen hat, **viel höher ausgefallen ist.**

Wenn der Inspector fragt, ob euch das bekannt war, ...

... dann verneinst du. Das wusstest du nicht!

NEUE ERKENNTNISSE VON SCOTLAND YARD:

Der Chief Inspector teilt der Runde mit, dass die **Waage im Herrenzimmer manipuliert** war! Sie hat beim Wiegen des Lords ein viel höheres Gewicht angezeigt.

Dieser Umstand hatte natürlich auch einen Effekt auf die womöglich tödliche Vergiftung des Lords, weil die **Dosis der auf Grundlage des Gewichts bestimmten Tropfen**, die der Lord von Mr Winterbottom, Sir Toby und dir verabreicht bekommen hat, **viel höher ausgefallen ist.**

Wenn der Inspector fragt, ob euch das bekannt war, ...

... dann verneinst du. Das wusstest du nicht!

Mr Pommeroy

SPIELRUNDE 4

DAS DESSERT –
FRUIT DESSERT & PORT WINE

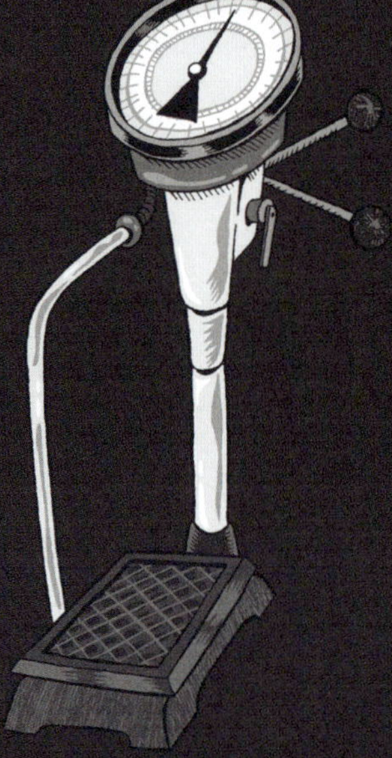

Admiral von Schneider

SPIELRUNDE 4

DAS DESSERT –
FRUIT DESSERT & PORT WINE

Mr Winterbottom

SPIELRUNDE 4

DAS DESSERT –
FRUIT DESSERT & PORT WINE

Sir Toby

SPIELRUNDE 4

DAS DESSERT –
FRUIT DESSERT & PORT WINE

Wird der Inspector euch glauben, dass Lord Rodneys Tod nur ein tragischer Unglücksfall war und du ihm nur einen Denkzettel verpassen wolltest, mit einer letztlich harmlosen Dosis Rizin?

Oder könnte er am Ende behaupten, dass ihr alle unter einer Decke steckt und jeder bei der »Tat« nur ein kleines bisschen mitgeholfen hat, ganz am Rande der Legalität, vielleicht schon mit einer Zehenlänge darüber hinaus?

Egal; für die letzte Runde habt ihr euch gerade zu viert – der Admiral, Sir Toby, Mr Pommeroy und du – Mut angetrunken. Mit einem Glas **Scotch, den ihr nebenan im kleinen Salon gefunden habt, in einem Regal mit Likören.** Alle haben das Glas wunderbar auf ex ausgetrunken, nur Mr Pommeroy hat den Scotch fast komplett verschüttet und alle haben ihn ausgelacht ...

Wird der Inspector euch glauben, dass Lord Rodneys Tod nur ein tragischer Unglücksfall war und du ihm mit der *Spanischen Fliege* nur eine Lektion erteilen wolltest, damit er die Finger von deiner Verlobten lässt?

Oder könnte er am Ende behaupten, dass ihr alle unter einer Decke steckt und jeder bei der »Tat« nur ein kleines bisschen mitgeholfen hat, ganz am Rande der Legalität, vielleicht schon mit einer Zehenlänge darüber hinaus?

Egal; für die letzte Runde habt ihr euch gerade zu viert – der Admiral, Mr Winterbottom, Mr Pommeroy und du – Mut angetrunken. Mit einem Glas **Scotch, den ihr nebenan im kleinen Salon gefunden habt, in einem Regal mit Likören.** Alle haben das Glas wunderbar auf ex ausgetrunken, nur Mr Pommeroy hat den Scotch fast komplett verschüttet und wurde von allen ausgelacht ...

NEUE ERKENNTNISSE VON SCOTLAND YARD:

Der Chief Inspector teilt der Runde mit, dass die **Waage im Herrenzimmer manipuliert** war! Sie hat beim Wiegen des Lords ein viel höheres Gewicht angezeigt.

Dieser Umstand hatte natürlich auch einen Effekt auf die womöglich tödliche Vergiftung des Lords, weil die **Dosis der auf Grundlage des Gewichts bestimmten Tropfen**, die der Lord von dir, Sir Toby und Admiral von Schneider verabreicht bekommen hat, **viel höher ausgefallen ist.**

Wenn der Inspector fragt, ob euch das bekannt war, ...

... dann verneinst du. Das wusstest du nicht!

NEUE ERKENNTNISSE VON SCOTLAND YARD:

Der Chief Inspector teilt der Runde mit, dass die **Waage im Herrenzimmer manipuliert** war! Sie hat beim Wiegen des Lords ein viel höheres Gewicht angezeigt.

Dieser Umstand hatte natürlich auch einen Effekt auf die womöglich tödliche Vergiftung des Lords, weil die **Dosis der auf Grundlage des Gewichts bestimmten Tropfen**, die der Lord von Mr Winterbottom, dir und Admiral von Schneider verabreicht bekommen hat, **viel höher ausgefallen ist.**

Wenn der Inspector fragt, ob euch das bekannt war, ...

... dann verneinst du. Das wusstest du nicht!

Mr Winter-bottom

SPIELRUNDE 4

DAS DESSERT –
FRUIT DESSERT & PORT WINE

Sir Toby

SPIELRUNDE 4

DAS DESSERT –
FRUIT DESSERT & PORT WINE

CHRONOLOGIE DES FALLS

17:35 Während Pommeroy auf der Bühne jongliert, gibt er vor, hinten im Halbdunkel Lord Rodney und den Admiral nebeneinander stehen zu sehen. (Das behauptet er später. In Wahrheit ist der Admiral mit Lord Rodney im Herrenzimmer).

17:45 Während Lord Rodney willensunfähig im Herrenzimmer sitzt, nimmt ihm der Admiral den Safeschlüssel ab, geht damit in die Privatbibliothek, öffnet den Safe und sucht darin die ihn und Mr Pommeroy belastenden Unterlagen.

17:45 Zur selben Zeit vermutet Mr Winterbottom, dass sich Lord Rodney mittlerweile im WC befindet, begibt sich heimlich dorthin, um ihm zu sagen, dass sie jetzt quitt sind.

17:46 Lord Rodney schleppt sich halbtot in den Speisesaal.

17:46 Mr Winterbottom sieht LORD RODNEY DURCH DIE EINGANGSHALLE in den Speisesaal taumeln. Er geht ihm hinterher und sieht, wie dieser auf dem Tigerfell zusammenbricht. Er bekommt Schuldgefühle, will Lord Rodney helfen.

17:47 Admiral von Schneider (hat die Dokumente unter seinem Hemd verstaut) kommt zurück ins Herrenzimmer, doch Lord Rodney ist verschwunden. Der Admiral läuft panisch in die Eingangshalle.

17:47 Mr Winterbottom hört, wie sich jemand von der Halle aus nähert. Er versteckt sich kauernd unter dem Tisch und sieht nur verdeckt aus den Augenwinkeln, wie eine Person sich zu Lord Rodney hinabbückt und ihm schnell etwas zusteckt.
Dann verschwindet die unbekannte Person (Admiral von Schneider) wieder in die Eingangshalle.

17:48 Mr Winterbottom kommt unter dem Tisch hervor, beugt sich über Lord Rodney, der ist eindeutig tot. Aus Angst, beschuldigt zu werden, entfernt sich Winterbottom durch den großen Salon und geht zurück in den Wintergarten.

18:00 Miss Sophie ist als Freiwillige auf der Bühne bei Mr Pommeroy.

James hat auf die Uhr gesehen, es ist 18:00.

Miss Sophie wollte schon immer zum Theater, war ganz aufgeregt und half stolz auf der Bühne bei der Mango-Jonglage. Leider war es unmöglich, das Publikum zu sehen, denn man wird auf der Bühne von den neuen Scheinwerfern geblendet.

FUND DES TOTEN

18:10 James fragt sich, wo Lord Rodney ist, und muss außerdem Vorbereitungen für das Dinner treffen. Er verlässt den Wintergarten und findet den Toten auf dem Tigerfell im Speisesaal. Er geht sofort zurück in den Wintergarten und informiert Miss Sophie.

18:12 Alle Gäste betreten den Speisesaal und sehen den Toten.

18:15 Sir Toby ruft einen Arzt.

19:15 Der Arzt trifft ein und bringt zur Sicherheit den örtlichen Polizisten mit. Der Arzt vermutet Herzversagen, schließt aber auch eine Vergiftung nicht aus, nimmt zur Sicherheit eine Blutprobe. Der Constable legt zur Sicherheit eine Skizze des Fundorts/Tatorts an.

DREI TAGE SPÄTER IST SCOTLAND YARD VOR ORT UND ERMITTELT.

ABLAUF DER TAT

16:00 Start des Empfangs, erster Gast Mr Winterbottom, pünktlich.

16:10 Lord Rodney zeigt Mr Winterbottom sein Laboratorium. Winterbottom sieht die Gläser mit Rizin und hält den Inhalt für Rizinusöl. In ihm wächst ein Plan, dem Lord damit einen Denkzettel zu verpassen.

16:20 Sir Toby erscheint. Small Talk im großen Salon: Lord Rodney mit Sir Toby, Miss Sophie mit Mr Winterbottom.

16:40 Mr Pommeroy erscheint zusammen mit Admiral von Schneider, beide gesellen sich zu den anderen im großen Salon.

16:40 Pommeroy und von Schneider berichten von ihrer Wette und bestehen darauf, Lord Rodney zu wiegen. Sie gehen zur Waage im Herrenzimmer.
Es bleiben im Salon: Miss Sophie, Mr Winterbottom, Sir Toby und Butler James.

16:50 Lautes Gelächter von der Waage. Sir Toby begibt sich ebenfalls ins Herrenzimmer. Langsam gesellt sich der Rest der Gruppe dazu. Sir Toby besteht darauf, dass noch einmal vor Zeugen gewogen wird. Er notiert Lord Rodneys Gewicht penibel genau auf einem blauen Zettel.

17:00 Lord Rodney bleibt im Herrenzimmer, weil er Miss Sophies Tour durchs Haus nicht mitmachen möchte und eventuell noch ein Telefongespräch führen will.

17:00–17:30 Miss Sophie zeigt allen außer James die während der Indienreise ihres Gatten von ihr neu gestalteten Räume, den kleinen Salon, den Speisesaal und den Wintergarten mit der neuen, kleinen Bühne, die sogar zwei echte Theaterscheinwerfer hat. Während dieses Rundgangs splitten sich immer wieder einzelne Gäste von der Gruppe ab.

17:10 James beobachtet, wie Mr Winterbottom mit zwei vollen Whiskygläsern aus dem Gang vom Labor kommt.

17:10 Mr Winterbottom hat im Labor ein Fläschchen vermeintliches Rizinusöl (in Wahrheit giftiges Rizin) aus dem Regal genommen und den Whisky für Lord Rodney mit einer Vielzahl von Rizintropfen versetzt. Jetzt geht er mit zwei Gläsern Whisky in der Hand zu Lord Rodney ins Herrenzimmer. Er möchte mit ihm als »fairer Verlierer« auf dessen Wahlsieg im *Royal Charity Club* anstoßen und den Lord anschließend verhöhnen, wenn dieser für einige Stunden nicht mehr von der Toilette runterkommt; als Denkzettel für die gekaufte Wahl.

17:20 Sir Toby erscheint mit zwei Gläsern Sherry im Herrenzimmer und löst Mr Winterbottom ab. Sir Toby stößt mit Lord Rodney auf die guten alten Zeiten an. Auf dem Weg von der Küche zum Herrenzimmer hat Sir Toby allerdings eine große Menge *Spanische Fliege* in das Glas von Lord Rodney getröpfelt. Genug, damit der Lord für die nächsten Wochen ordentlich »pain in his waterworks« hat, um sich nicht mehr an Sir Tobys Verlobte ranzumachen (Sir Toby weiß jedoch nicht, dass der Lord und Margret bereits in Indien einen »Liebesurlaub« gemacht haben).

DAS FINALE

Admiral von Schneiders Plan: Mr Pommeroy soll alle ablenken, während der Admiral die belastenden Unterlagen aus dem Safe besorgt.

17:30 Mr Pommeroy ruft alle zu seiner Show zusammen, geht rasch in den Wintergarten und fängt an zu jonglieren. Zeitgleich bittet Admiral von Schneider Lord Rodney im Herrenzimmer noch um ein schnelles Glas Whisky. In Lord Rodneys Glas ist eine genau bemessene Dosis K.-o.-Blitztropfen. Die Tropfen brauchen ca. 10 Minuten, um zu wirken.

CHRONOLOGIE DES FALLS

GRUNDRISS

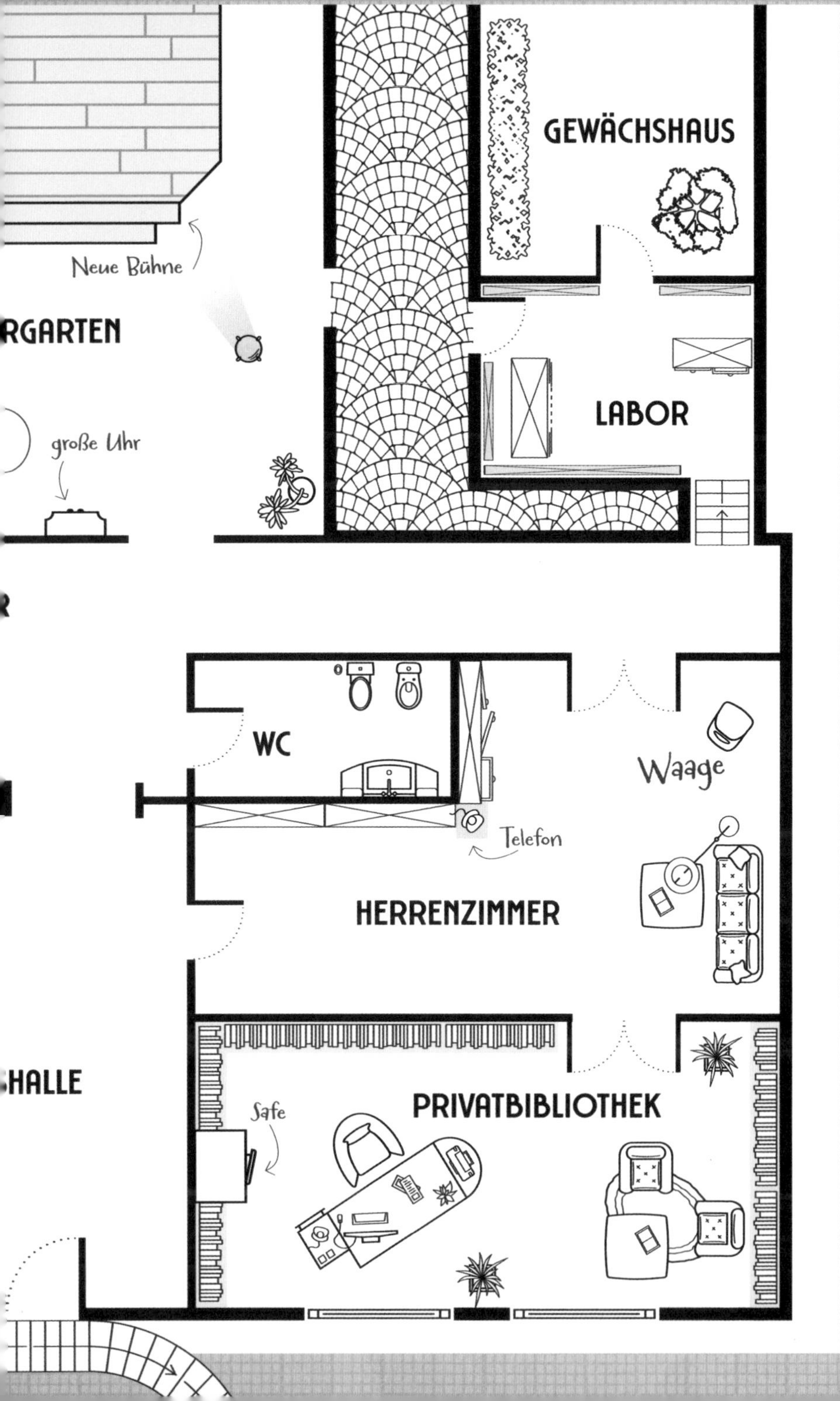

GEWÄCHSHAUS
Neue Bühne
RGARTEN
LABOR
große Uhr
WC
Waage
Telefon
HERRENZIMMER
HALLE
Safe
PRIVATBIBLIOTHEK

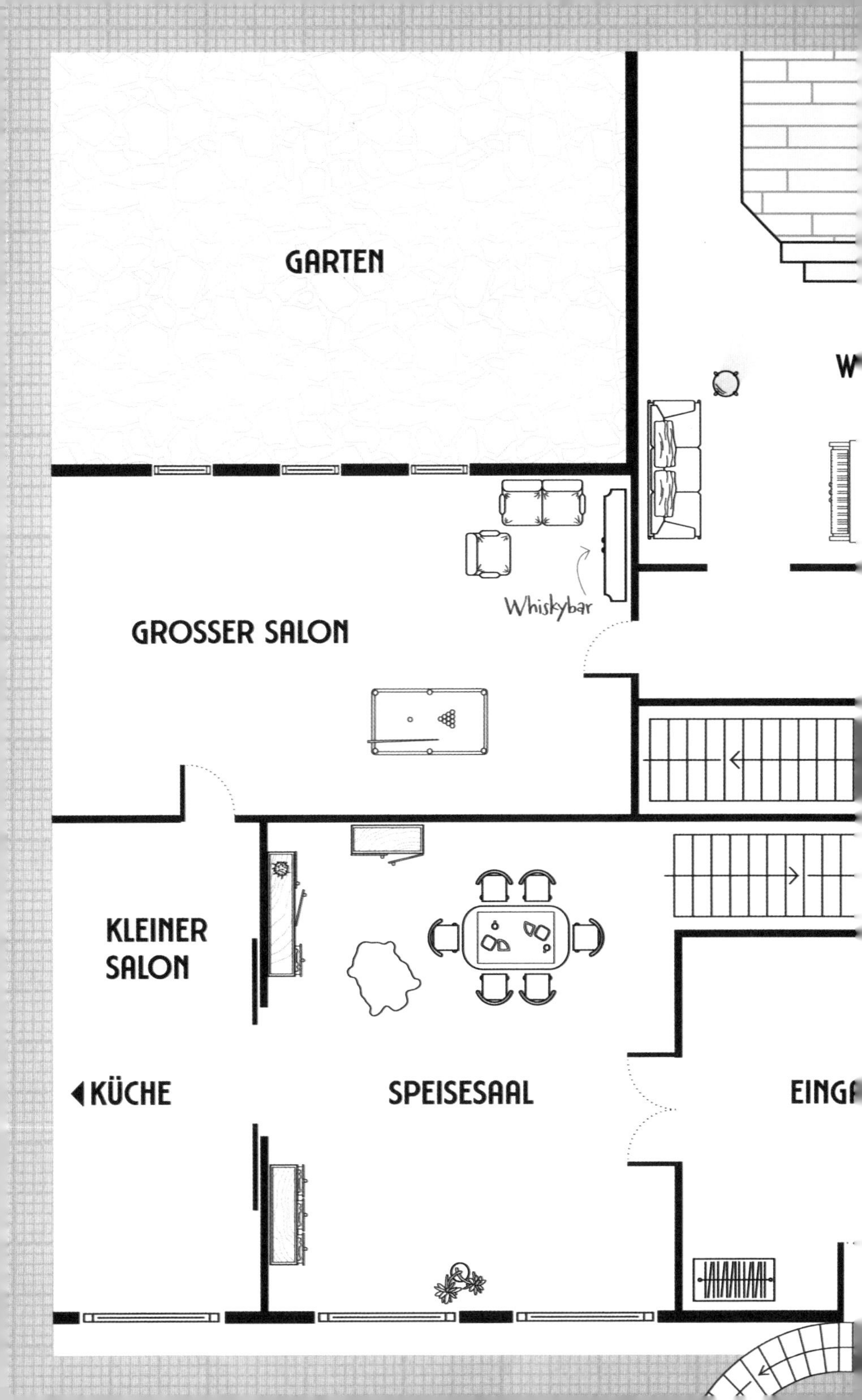
GARTEN
W
Whiskybar
GROSSER SALON
KLEINER SALON
KÜCHE
SPEISESAAL
EINGA

GRUNDRISS

TATORTSKIZZE

he des Jacketts des Toten.
Toten.
he des Jacketts des Toten.
cketts des Toten.
rusttasche des Hemds des Toten.

SPUR 1 ZUGTICKET ASSAM – DARJEELING. Gefunden in der Inner

SPUR 2 TABLETTENRÖHRCHEN. Gefunden in der Hosentasche

SPUR 3 RESTE VON PFLANZENSAMEN. Gefunden in der Außer

SPUR 4 ZEITUNGSAUSSCHNITT. Gefunden in der Innentasche d

SPUR 5 VISITENKARTE EINER ANWALTSKANZLEI. Gefunden in c

SPUR 6 SCHLÜSSEL. Gefunden in der Hosentasche des Toten.

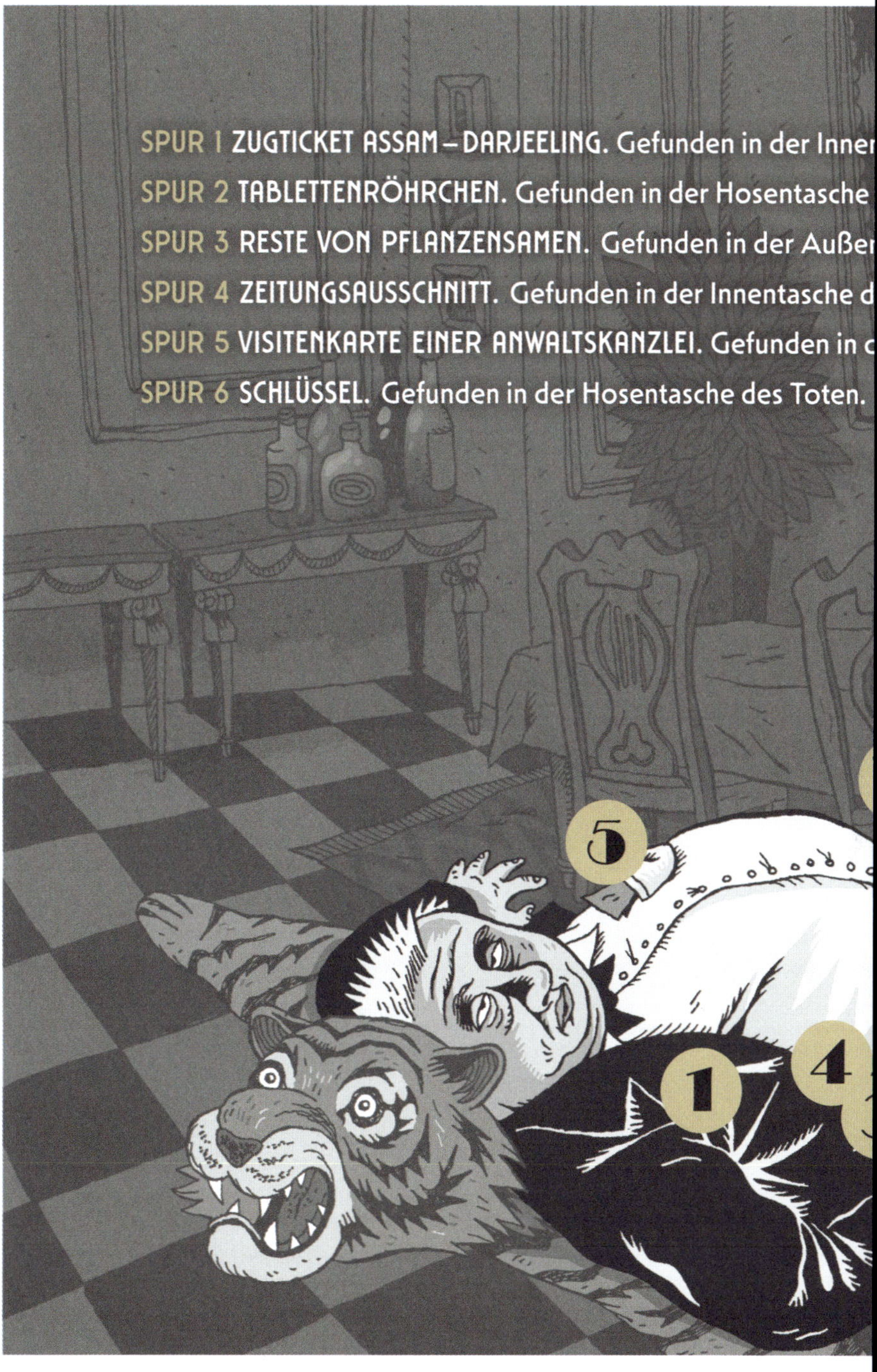

TATORTSKIZZE

Chief Inspector Piperton

Admiral von Schneider

Miss Sophie

James

Sir Toby

Mr Pommeroy

Mr Winter-bottom

Olaf Nett war lange Jahre Redakteur beim NDR, hat dann zwei Kinder und zwei Dackel großgezogen, und wenn er nicht gerade als Jugendtrainer auf Norddeutschlands Fußballplätzen oder als Buchautor (MOIN) an Norddeutschlands Küsten unterwegs ist, schreibt er Romane oder denkt sich skurrile Mordfälle für Krimi-Dinner-Bücher aus.

Benedikt Beck (*1985) ist Illustrator und Comiczeichner. Neben seinen Comic-Publikationen tritt er vor allem als Gestalter von Spielen, Kinder- und Jugendbüchern und Editorials hervor. Er lebt und arbeitet in Hamburg.

Mordsspaß

mit Büchern
und Kalendern aus dem
Lappan Verlag

www.lappan.de
www.lappankalender.de

Die dümmsten wahren
Verbrechen, kuriosesten
Gesetze und absurdesten
Kriminal-Statistiken

ISBN 978-3-8303-3633-4

rimi-Dinner – Casting!
ordswitziges Party-Spiel
ür zu Hause

BN 978-3-8303-6405-4

NEU
ab April
2024

Krimi-Dinner – Musikshow!
Interaktives Buch:
12 Punkte für ... Mord!

ISBN 978-3-8303-6421-4

Bildnachweis:
Goldener Hintergrund (mehrfach im Buch) NanamiOu by shutterstock.com
Tischset (mehrfach im Buch) Afishka by shutterstock.com
Eckelemente (mehrfach im Buch) vectortatu by shutterstock.com
Hintergrund Piperton (mehrfach im Buch) Merfin by shutterstock.com
Portraithintergrund (mehrfach im Buch) Vasya Kobelev by shutterstock.com
Hand mit Weinglas (mehrfach im Buch) everything bagel by shutterstock.com
Papierhintergrund (mehrfach im Buch) ilolab by shutterstock.com
Ticket (mehrfach im Buch) ideyweb by shutterstock.com
ArtDeco Rahmen (mehrfach im Buch) Mallari by shutterstock.com
Visitenkarte (mehrfach im Buch) Viktor Gladkov by shutterstock.com
Zeitungsausschnitt (mehrfach im Buch) Billion Photos by shutterstock.com
Art Deco Hintergrund (mehrfach im Buch) Picksell by shutterstock.com
Fingerabdruck (mehrfach im Buch) Africa Studio by shutterstock.com
Rechenpapier (mehrfach im Buch) inxti by shutterstock.com

1. Auflage 2023

– Originalausgabe –

ISBN 978-3-8303-6408-5

Dinner for One ® licensed by Nora Harding/
Personal Appearances – Patsy Martin

Lizenziert durch OneGate Media GmbH –
A Studio Hamburg Company.

Texte: Olaf Nett
Illustrationen: Benedikt Beck

Lektorat: Olena Klejman und Jana Legal
Herstellung: Britt Hansen und Ulrike Boekhoff
Covergestaltung: Ulrike Boekhoff

Triff uns auf facebook.com/lappanverlag
und auf instagram.com/lappanverlag
www.lappan.de

MIX
Papier | Fördert gute Waldnutzung
FSC® C018236

Wir produzieren nachhaltig
- Klimaneutrales Produkt
- Papiere aus nachhaltigen und kontrollierten Quellen
- Hergestellt in Europa